JN195468

祈り　その小道を歩く

須永和宏

女子パウロ会

もくじ◉

Ⅲ 祈る人びと

V 祈りの心 119

はじめに

一般の人びとに向かって「あなたにとって今、もっとも大切にしている心の支えは何ですか?」と問いかけたら、おそらく百人百様、さまざまな答えが返ってくることでしょう。ある人は「そりゃ友情さ。友情こそお金で買うことのできない貴重な宝だからね」と答えるかと思えば、いや「家庭さ。家庭の温かさがあってこそ、子どもたちは無事に育つのだから」と言う人もいるでしょう。あるいはまた「愛さ。愛がなければ生きている意味がないよ」と主張する人もいるでしょう。

ではキリスト信者に対して「あなたにとって信仰生活を送るうえで欠くことのできない大事なものは何ですか?」と問いかけたら、みなさんは、どのようにお答えになりますか? 正解はとくにないでしょうけれど、おそらく多くの人は、その理由も添えて「祈りだと思います。祈りがなければ、私たちは生き生きとした信仰生活を保っていくことができませんから」と答えられるに違いありません。それほど信仰と祈りは切っても切れない関係にあると言っていいでしょう。

そこで私は思い立って、この祈りをめぐる問題について自分なりにまとめてみようと考え、筆を執ることにしたのです。そのとき私の頭の中で『福音の知恵』（天使館刊）という名著を執筆されたフランチェスコ・ベルシーニ神父（一九一五年～二〇〇三年）の言葉――「人間にとって、もっとも美しい仕事は祈ることと愛することである」が鳴り響いていました。

ところが、それもつかのま、すぐに暗礁に乗り上げ、筆が進まなくなりました。その原因は、明らかに私自身の祈りについての理解不足にありました。それというのも、これまで私は頭で概念的に祈りを理解したつもりになっていただけで、実際に神さまに向かって心魂を傾けて祈るという体験に不足していたのでした。

そこで私は、その時点から、思い切って祈りについて書かれた数多くの書籍や文献などに頼ることは一切やめ、ひたすら主がそなえてくださった祈りの小道を、祈りながら歩きはじめることにしたのです。そして、日々、そのつど考えたことを断想のようなかたちで書きとめていきました。その結果、このような小著にまとめることができました。

本書は次のような五つの章から構成されています。

Ⅰ章の「祈りの泉」においては、さまざまな祈りの姿が泉のようにふつふつと湧き起こってくる様子を、具体的なエピソードを交えながら紹介しました。

Ⅱ章の「涙の祈り」では、ふいに引き起こされる理不尽とも思われる出来事の中で、私たちが経験する悲しみや苦しみ、あるいは嘆きといった感情を涙の祈りというかたちでまとめてみました。

Ⅲ章の「祈る人びと」では、聖書に登場する人物や私たちの身近な信仰の先達者を取り上げてみましたが、いずれも私たちが模倣したくなるような祈る人びとであることに気づかれるでしょう。

Ⅳ章の「祈りの道」では、実際に役立つような祈りのサンプルを紹介してみました。これらの祈りを唱えることによって、私たちは自然に信仰の小道に導かれるのではないでしょうか。

最後のⅤ章「祈りの心」では、本質的な祈りの精神や祈りの方法などについて取り上げてみましたが、読者のみなさんは、そこからさらに発展させ、ご自分なりの祈りの方法を会得していってくだされば幸いです。

では、早速、次のページを開いて、ご一緒に祈りの小道を探索していくことにしましょう。

筆者

I

祈りの泉

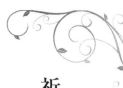

祈りの手

「祈りの手」という絵をご存じでしょうか。デューラー（一四七一年〜一五二八年）の描いた代表作ですが、実は、この絵が制作されるに至る過程には、それこそ祈りに満ちた感動的なストーリーが隠されていたのです。

デューラーは、ドイツのニュルンベルクという町の出身で、幼い頃からそこに住んでいました。ハンスという親友がいて、お互いに画家になりたいという夢を膨らませていたのですが、二人とも貧しい家庭のため、それを叶《かな》えることができません。そこで、ある日、ハンスはデューラーにこう話を持ちかけました。「どちらかが先に都会に勉強に出ることにして、もう一人が働いて互いの生活を支えるのさ。そして時期がきたら交代しよう。」そしてハンスより絵の上手だったデューラーが、先にイタリアのベネチアへ絵の修行に出かけることにしたのです。

そしてハンスは、生活費と学費を稼ぐため、鉄工所で懸命にハンマーを振るうことになりました。そうこうするうちに二年が経過。デューラーはハンスから定期的に送られてくるお金と一緒に「気にせず納得のゆくまで学んできてくれ」という手紙が添えられてあったので、それに気を良くして甘んじていたのです。そして、さらに数年が経過。デューラーはようやくベネチアで高い評価を得て帰郷したのでした。

久しぶりに再会して互いに喜び合ったのですが、デューラーはハンスの手を握った途端、ショックをうけて涙が止まらなくなりました。ハンスの目からも大粒の涙がこぼれました。鉄工所で働いてきたハンスの両手はすっかり変形して、もはや絵筆が持てなくなっていたからです。

デューラーは、自分の成功はハンスの犠牲のうえに成り立っていたのかと思うと、居ても立ってもいられなくなりました。彼は罪悪感に駆られながら、数日後再びハンスの自宅を訪問し、ドアを叩きました。しかし返事はなく、耳を澄ますと、そのときハンスはデューラーのために神さまに祈りをささげていたのでした。「デューラーが私のことで傷つき苦しんでいます。……これ以上苦しむことがありませんように。」デューラーはハンスのお祈りが終わるのを待ってから家に入り、言いました。「お願いだ。君の手を描かせてほしい。君のその手の祈りで僕は生かされたんだ。」こうして、あの名画「祈りの手」が誕生したのでした。

ハチドリの祈り

十数年前、わが国にも上陸して話題になった本があります。ご存じの方もおられるかもしれませんが、『ハチドリのひとしずく[1]』という絵本です。たった十行から成る次のようなストーリーで、その中身は実に味わい深く、いろいろと考えさせられます。

森が燃えていました／森の生きものたちは　われ先にと逃げていきました／でもクリキンディという名の／ハチドリだけは　いったりきたり／くちばしで水のしずくを一滴ずつ運んでは／火の上に落としていきます／動物たちがそれを見て／「そんなことをして　いったい何になるんだ」といって笑います／クリキンディは　こう答えました／「私は、私にできることをしているだけ」

これは南米アンデス地方の先住民族の間で代々伝えられてきた話です。調べてみますと、ハチドリという鳥は、体長わずか十センチメートル程度の世界一小さな鳥ですが、「飛ぶ宝石」と呼ばれるほど実に美しい羽をもっています。その中の一羽、クリキンディという名のハチドリが、果敢にも山火事の火消し役を引き受けて、くちばしで水を一滴一滴運んでは火の上に落とすという挙に出たのでした。すると、クリキンディの働きを見ていた動物たちは「そんなことをして　いったい何になるんだ」と嘲笑したというのです。

私たちキリスト者も、これとよく似た経験はないでしょうか。信仰を持たない人からみれば、私たちが毎週日曜日に教会に集まってミサにあずかり祈りをささげるという生活は、もしかしたら意味のない無駄なものに映っているかもしれません。神さまに自己をゆだねきったときの私たちの祈りが、どれほどの安心感をもたらしてくれるかは、ノンクリスチャンの人にはなかなか理解してもらえないでしょう。

それと同様、ハチドリが単身、命懸けで燃え盛る森林に飛び込んでいって火消しをしようとした行為は、周囲の人の目には、あまりにも愚かでむちゃな姿としか映らなかったのでした。しかし、私たちは、たとえハチドリのような行為が、「大海の中の一滴」にすぎないとしても、その小さな力、その小さな祈りの積み重ねこそが、神さまによって、いつかは大きな力へと変化していく原動力になるのだということを信じなければなりません。

ウォーキングと祈り

教会の信者同士の集まりなどに出席しますと、よく「どう祈っていいか分からない」といった声を耳にすることがあります。特に「定型の祈りに沿って祈れば楽だけれど、あまり祈った気がしない。だからと言って自分の言葉で祈ろうと思っても、どう祈っていいか分からない」といった感想をもらす人が多いようです。そんな方には私自身が毎日実践している「ウォーキングの祈り」という祈りの方法を推奨したい。そのやり方は至極簡単です。まず一日のうち一定の時間を「散歩」（歩行）に当て、その中で祈るという方法です。

私は、すでに現役を退いていますので、毎日一時間以上を散歩の時間に当てることができますが、お勤めの方はせいぜい十五分程度確保できれば、それで十分でしょう。その歩行で必ずロザリオを携帯し爪繰りながら歩いたら、もう気分は最高です。また「主よ、憐れみたまえ。キリスト、憐れみたまえ」といった射祷を唱えつつ歩けば、主は喜んでくださるでしょう。大事なのは、そのような「ウォーキングの祈り」をルーティン化し、日常生活に溶け込ませることです。私の場合、散歩の中でウォークマンにインプットした聖書を全巻通読ならぬ〝通聴〟することに挑戦して、もう数年が経《た》ちます。これはきわめて効果的な方法で、活字を追いながら聖書を理解するよりも、はるかに脳と心に沁みとおってきます。ただし、イヤホンを耳にして聴くわけですから、片方の耳はフリーにしておく必要があります。ましてや交通量の多いところでの使用は避けなければなりません。

禅仏教でも「歩行禅」という修行の方法があります。最近は修行というよりエクササイズとして紹介されているのですが、その「歩行禅」（ネイチャー・ウォーク）を編み出したのは、一九九九年に「大峯千日回峰行《おおみねせんにちかいほうぎょう》」を達成した塩沼亮潤《しおぬまりょうじゅん》氏で、彼は「歩行禅」の三つのステップを提唱しました。そのステップ一は「懺悔《ざんげ》（悔い改め）の行」、ステップ二は「感謝の行」、ステップ三は「座禅の行」というもので、ステップ一では、自分の犯した過ちや失敗、反省すべきこと、謝らなければならないことを全て洗い出し、「ごめんなさい」と唱えながら歩き、ステップ二では、自分を支え生かしてくれている、ありとあらゆる縁と存在に思いを馳《は》せて、心の中で「ありがとう」と唱えて感謝しつつ歩くというものです。ステップ三は文字通り座禅の中で黙想するという行です。なんとカトリックの修道院で行われてきた伝統的な方法に似ていることでしょうか。

油谷弘幸神父著『ウォーキングを祈りに』（女子パウロ会）を少し参考にさせていただきました。

知花《ちばな》くららとおばあちゃんの祈り

　ある日の寒い朝、容易に寝床から抜け出せないままラジオに耳を傾けていましたら、たまたま知花くららという人がアフリカでのボランティア活動体験を語っておりました。興味深かったので、ついつい引き込まれて最後まで聞いてしまいました。後から知ったことですが、この知花くららさんは沖縄出身のファッションモデル兼女優で、二〇〇六年にはミス・ユニバース世界大会で第二位に輝いたことがあるとのこと。そのかたわらＷＦＰ（国連世界食糧計画）のオフィシャルサポーターを務めていて、世界各地の支援現場に足しげく出向いているそうです。その彼女がこんなエピソードを語ってくれました。

「二〇〇九年にフィリピンの洪水被災地の視察をしたのですが、目の前に苦しんでいる人がいても、自分にはどうすることもできない状況でした。もちろんその場で、食べ物をあげたりすることはできるかもしれないけれど、それはたくさんの人を救うことにはつながらないと思ったんです。そこで、自分に何ができるのか分からなくなったんです。無力感というか。でも、これが現実なんだと思い知らされた瞬間でした。取材中に、あるおばあちゃんと出会って、洪水の時のいろいろな話を聞かせていただきました。その帰り際、突然おばあちゃんから『神のご加護がありますように』と言われました。そして、言葉を継いで『私はお金もないし、すごく貧しいし、食べ物もないし、あなたにあげるものは何もないけど、でも、お祈りだけはできます』と言って、私のためにお祈りをしてくれたんです。」

慰問・視察に出向かれた知花さんが、このおばあちゃんから逆に「あなたにあげるものは何もないけど、でも、お祈りだけはできます」と言われて、お祈りという尊いお返しをいただいてしまったというのです。その瞬間、知花さんの目には見えなかったでしょうけれど、祈りによるしあわせのシャワーに包まれたに違いありません。

私は、この知花さんの話を聞いて、いつの間にか、マザー・テレサの言葉を思い出していました。彼女は、貧しい人たちほど他者に対する〈心が痛むほどの共感性〉を持ち合わせている存在はないというのです。そこにこそ神さまから見た真の豊かさがあるのでしょう。イエスさまも「貧しい人々は、幸いである」（ルカ6・20）と言われたように、貧しい人の心をこめた祈りこそ、主は真っ先に聞き入れてくださるのだと思います。

ある未婚の女性の祈り

山口百恵さんが歌って一時大ヒットした「いい日　旅立ち」（谷村新司作詞作曲）という名曲があります。その中の歌詞に、「ああ日本のどこかに／私を待ってる人がいる／いい日　旅立ち　幸福《しあわせ》をさがしに」という一節があるのですが、この歌詞のように「私を待ってる人」をひたすら探し求めている人は、まだ希望を失っていないと言えるでしょう。しかし、現実は理想の伴侶と出会うのはなかなか容易ではないようです。

もう、かれこれ二十数年前のことになりますが、私は「心のともしび」というラジオ番組でハヤット神父が語っておられた話を思い出しました。こんな内容です。

アメリカから英語教師として来日された女性がいました。彼女はミサの後で、その教会の神父に、まだ何の見通しもない将来の結婚のことで相談をされたそうです。すると、その神父は即座に「あなたは将来、結婚する相手の男性のために毎日ロザリオを唱えるように」と勧めたというのです。この女性は、おそらくその勧めに戸惑いを覚えながらも、神父の言葉を信じて祈りつづけたに違いありません。

六年後に彼女は一人の南米のある国の男性に出会いました。そして、交際の末、めでたく婚約したのですが、そこで彼女は、思い切って彼に「私は六年前から、〝まだ会ったことのないあなた〟のために毎日、ロザリオの祈りをささげていました」と告白しました。それを聞いた彼は飛び上がらんばかりに感激し、熱い涙をこぼして、こう語ってくれたそうです。

彼は、六年前、南米に住んでいたのですが、その頃、政治犯として逮捕され、三年間、牢獄《ろうごく》で過ごすことを余儀なくされたのでした。その間、ほかの政治犯が処刑のために牢から引き出されるのを見て、自分もいつかその日がくるのではないかと、戦々恐々とした不安な日々を送っていたのです。ところが、ある日、思いもよらず釈放の恵みにあずかったのでした。

こうして彼女の絶えまない六年間の祈りは、将来結ばれることになるフィアンセのいのちを救い、しかも文字通り結婚という幸福にあずかったのでした。その後、このお二人の結婚生活が、どれほど神さまに祝福され幸せに満ちたものになったかは、想像に難くありません。

霊的花束としての祈り

ヨーロッパでは男性が女性にプロポーズするとき、野の花を摘み、それを花束として女性に贈って結婚を申し込むという習慣があったようです。素朴で美しい習慣ですね。それとは少し意味合いが異なりますが、カトリック教会でもお祝いやお礼、あるいはお見舞いなどの意向をもって相手に「霊的花束」を贈るという習慣があります。この場合の花束とは、目には見えない祈りの花束のことを指しています。

私もかつて、ある教会の集まりで、家族をめぐる問題について講演をした際、丁重にもそのお礼にと信者のみなさんから色紙に記された祈りの花束を頂戴したことがあります。初めてのことでしたので、戸惑うと同時に感激したことを覚えています。最近では前田万葉枢機卿が推挙された際、ある教会でロザリオ一千環の霊的花束を贈呈したという記事を読みましたが、さすがに教会を挙げての霊的花束はスケールが違うなと感じました。

とりわけ司祭叙階記念とか司祭叙階〇〇年記念などのときには、こぞって信者のみなさんの関心は厚く、熱意のこもった祈りの花束がささげられているように見受けられます。

何といっても私たちは、ひとたび霊的花束を贈ることを決意した場合、普段の生活の中で、そのための時間を割く必要が生じてくるため（習慣的に毎日一定のロザリオなどを唱えておられる方は、その中に意向を加えるだけで足りますが）、それだけに霊的花束は目に見える贈り物以上に意味深い行為と言えましょう。

霊的花束の中でも、私は聖母マリアさまにロザリオの祈り一環をささげることが最も好きです。ロザリオは英語でRosaryと書くように、これは文字どおり薔薇《ばら》の花のことを指しています。この薔薇の花は聖母マリアさまの象徴でもあります。ですから私たちはロザリオの珠を一つひとつ爪繰りながら、マリアさまにおささげする大きな薔薇の花環（冠）を編んでいるのです。ロザリオの珠を繰ることによって薔薇の花の一輪一輪が咲き匂うというのですから、何と素晴らしいことでしょう。マリアさまがお喜びにならないはずはありません。でも、マリアさまはその花の冠を自分の手元に置くことはせず、ただちに御子イエスさまのもとに携え運ばれるのです。ただし、私たちの霊的な花束が心のこもらないものだったとしたら、その祈りはむなしく自分のもとに帰ってくるだけでしょう（イザヤ55・11参照）。形式的にならぬよう心して祈りたいものです。

結び目を解くマリアへの祈り

私は、家庭裁判所で長年、非行や家庭問題にかかわる処遇・調整などの仕事にたずさわってきましたが、時々、解決困難なむずかしい事例に出合って難渋しました。それを専門用語で接近困難な事例と言いますが、それは一言で言えば、もつれた糸のような状態を呈しており、私たちは、そのような絡み合った糸を、いかにほぐして、すっきりとした一本の糸を取り出すことができるかということに日夜、腐心しました。

そのような経験からか、教会で特に家庭問題などで悩み困惑している人を見ますと、余計なお世話かもしれませんが、私は「結び目を解くマリア」のご絵カードをそっと差し出すことにしています。そのカードの裏には「あなたのみ手で解けない結び目はありません。おとめマリアよ、恵みと力をもって、あなたの子、救い主イエスのもとに、この結び目をお願いいたします。受け入れてください。この結び目を解いてください」といった祈りの言葉が書かれてあります。

これは現フランシスコ教皇もご推奨のご絵とその祈りです。教皇は若かりし司祭の頃、博士論文を執筆するためにドイツに赴いた際、たまたま教会でこの絵を見て大変感銘を受け、すっかりこの「結び目を解くマリア」の信心家になったと言います。現在、バチカンの執務室にもこのご絵が掲げられているそうです。

このご絵は、一七〇〇年に一人の画家の手によって描かれたバロック様式のもので、そこには悪魔の象徴である蛇を足で押さえながら、白く長いリボンの結び目を解いておられる聖母の姿を見ることができます。さらに細部に目を向けますと、十二人の小さな天使たちと二人の大天使、および七つの六芒星《ろくぼうせい》からなる輪に取り囲まれていることが分かります。そして頭上には鳩が舞い、聖母が聖霊の花嫁であることを暗示しています。

ヨハネ・パウロ二世教皇は回勅『救い主の母』の中で、教父聖イレネウスの語った「エバの不従順によるもつれがマリアの従順によって解かれ、処女エバが不信仰によって縛ったものを、処女マリアが信仰によって解いた」という言葉を引用していますが、すでに初代教会において聖母マリアは「もつれ」を「解かれる」存在だったことが見てとれます。

なお、これは余談ですが、最新の幾何学で「結び目理論」という専門分野ができて、「糸は、なぜ絡まりやすいのか。どうしたらそれをほどくことができるか」という研究を進めているそうです。マリアさまにお任せすれば「もっと手っ取り早いのに」と思います。

薔薇《ばら》の祈り

幸いなことに、我が国は第二次世界大戦以降、平和な時代が続いていますが、世界各地では今もなお紛争が絶えません。そんな中、一九九四年に起きたルワンダの大虐殺は、悪夢のような出来事でした。ルワンダはアフリカ中央、赤道のやや南に位置している小国で、ベルギーによる植民地政策によって民族間の分断（ルワンダの人口の八十五パーセントがフツ族、十四パーセントがツチ族）の兆しが見られたものの、内紛の始まる一九九〇年までは比較的穏やかな国でした。

それがルワンダ大統領の暗殺を機に内戦が一気にヒートアップし、フツ族の過激派が暴徒化するに至ったのです。それを引き金として、それまでくすぶっていた人種間の対立が先鋭化し、ツチ族が殺戮の対象となってしまいました。その結果、わずか百日の間に百万人ものツチ族が虐殺されたと伝えられています。

イマキュレー・イリバギザという若き女性もそのツチ族の一人でした。しかし、彼女は父から貰い受けて身につけていたロザリオ（薔薇の祈り）にすがることによって、奇跡的に救助されたのでした。その間の出来事については、彼女自身が著した『生かされて。』『薔薇の祈り』『ゆるしへの道』等[2]などに詳細に述べられています。

部族が異なるとはいえ、昨日まで同じ町に暮らしていた隣近所の人たちが一部の過激派に扇動され、大鉈《おおなた》を振りかざしてイマキュレーたちに襲いかかってきたというのですから、考えただけでも身震いがします。ところが彼女は一人の奇特な牧師（フツ族）によってかくまわれ、他の女性たち七人と共に命をつなぐことができたのでした。かくまわれた場所というのは何と悪臭のする狭いトイレの中で、互いに身を重ね合わせるようにして時をすごし、息をひそめながら事態が好転するのを、ひたすら待ち続けました。

彼女は回想しながら、こう書きつづっています。「私はロザリオを必死で握り締めました。あたかもそれが神さまにつながる最後の命綱でもあるように。」（『生かされて。』）、「ロザリオのおかげで、神さまと出会い、心を愛で満たすことができました。」「真心をもってロザリオを祈れば、望むかぎりのことすべてに手が届くようになり、祈りのすぐ向こうに幸せはあります。」（以上、『薔薇の祈り』）

ただし、彼女が生き延びたのも、自分の両親や兄弟たちを失う（長兄のみ遠方にいて助かる）という大きな犠牲があったことを、私たちは決して忘れてはなりません。

魂の深い渇き

先進国と後進国との経済的な格差は年々拡大しつつあります。経済的な豊かさは精神的な豊かさに比例するかというと、どうもそうは言えないようです。現実はその逆で、身体的な飢えがなくなった分だけ精神的な飢え渇きはかえって募ってきているような印象を受けます。私たちは、そのような内面的な飢え渇きのことを霊的飢餓とか魂の欠乏などと呼んでいますが、私たち日本人は、その点をきちんと自覚しているでしょうか。

水分や塩分の不足が熱中症を引き起こすように、神さまからのいのちの補給が途絶えるならば、霊的な脱水症状を呈してしまうことは言うまでもありません。それを魂の渇きというのでしょうけれど、そのことに気づかない人たちは、なんと大勢いることでしょう。みずからの魂の渇きに気づかないままに、あれこれと自力で頑張ろうとすれば、ますます泥沼に足をすくわれてしまうだけです。それこそ、そこに深い魂の渇き（深刻な魂の病）が隠されていると言わざるをえません。

みずからの魂の渇きをうすうす感じ取れるようになった人は幸いです。魂の渇きは、実は「涸《か》れた谷に鹿が水を求めるように、神よ、私の魂はあなたを求める。神に、命の神に、わたしの魂は渇く」と詩編（42・2～3）の言葉にあるように、ぽっかり開いてしまった心の空洞を埋めようとする神さまへの渇きにほかならないからです。

ある意味で神さまへの渇きを持ち始めた人は、もうすでに祈りへの道を歩み始めた人といってよいでしょう。その渇きは、いずれは前向きな渇望や熱望や待望へと変貌を遂げていく可能性を秘めています。

聖書をみると、そこには、水を求めて渇くというテーマや場面がたびたび登場します。その水は、いつかは涸れてしまうような水ではなく、くめども尽きぬ「いのちの水」なのです。だからこそ、イエスさまはしばしば「渇いている者はだれでも私のもとに来なさい」と呼びかけたのでした。ヨハネによる福音書4章に描かれたサマリアの女性のエピソードもその一つです。イエスさまが彼女に呼びかけられたのは、無償で「いのちの水」を分け与えたいがためでした。サマリアの女性は、それまで波乱に満ちた結婚生活に疲れ切って、心はかさかさな状態にありました。それだけに彼女の魂は渇き切っていたと言えましょう。心が魂が霊が渇いていたからこそ、彼女にとってイエスさまの与えてくださった水は、干天の慈雨のように染み透《とお》って全きいやしへと導かれたのでした。

絶えまない祈り

教会では、もうほとんど読まれていないので、おそらくご存じの方は少ないと思いますが、百年以上前に刊行された『無名の順礼者』（エンデルレ書店）という本があります。文字通り一人のロシア人である無名の信者が、祈りの方法を伝授してくれる師を探し求めて巡礼に出るという話ですが、『イミタチオ・クリステ（キリストにならいて）』に準じてよく読まれたそうです。私はこの書こそ祈りの本質に迫った名著ではないかと、受けとめています。と言いますのも、祈りは知識や理論を必要とせず、体験・実践こそが重要ではないかと考えるからです。では、同書からそのさわりを少し紹介してみましょう。

聖パウロが、テサロニケの信徒への第一の手紙5章17節などにおいて繰り返し「絶えず祈りなさい」と語っているように、この巡礼者は「絶えず祈る」ということがどうしたら実行できるだろうか？　という問いを自分に突きつけて巡礼の旅に出たのでした。すると、昔から唱えられてきた「イエスの祈り」という祈りの方法があることを知り、巡礼者はその祈りの意味とその実践方法を求めて探究を開始します。その「イエスの祈り」とは「主イエス・キリスト、われをあわれみたまえ」という単純素朴な祈りで、巡礼者はその祈りを、まずは手掛かりとしたのでした。

そして、たまたま彼は『修徳の実践』という本を手に入れてそれを指南書とし、旅の道々に出会った修道院院長、老人、隠修士あるいは司祭らからさまざまな教えを乞いつつ、しだいに祈りの奥義を深めていくというストーリーとなっています。

当初、「イエスの祈り」を射祷として熱心に唱えつづけるも、怠惰と嫌悪と倦怠《けんたい》を感じて、頓挫しそうになります。しかし、試行錯誤の末、ついに巡礼者の目に森羅万象が輝いて見えるようになり、さらに主イエスご自身の「神の国はあなたがたの間にあるのだ」（ルカ17・21）という言葉の意味が深く悟れるようになっていったのでした。

これを読んで、私は「愛のもっとも小さな道」を歩まれたシスター・コンソラータ（一九〇三年～一九四六年）が主から示された「イエス・マリア、あなたを愛します。霊魂を救ってください！」という射祷を思い出しました。これは「愛の祈り」と呼ばれている祈りですが、右の巡礼者のように、イエスやマリアのみ名を絶えず口にし反復することによって、イエスさまへの愛の門が開かれていくに違いありません。いつどこにいても、こうした単純素朴な祈りを唱えつづけていくことこそ、祈りの秘訣なのでしょう。

アッバ、父よ

さて／あかんぼは／なぜに　あん　あん　あん　あん　なくんだろうか
ほんとに／うるせいよ／あん　あん　あん　あん／あん　あん　あん　あん
うるさか　ないよ／うるさか　ないよ／よんでるんだよ／かみさまをよんでるんだよ
みんなもよびな／あんなに　しつっこくよびな

これは八木重吉の「みんなもよびな」という詩で、『神を呼ぼう』[3]という詩集の中に所収されています。彼は若くして肺結核に倒れ、二人の子どもと妻を残して二十九歳で旅立ちました。ほかにも赤ん坊をテーマにしたたくさんの詩を書いていますが、私は、これほどナイーブなまなざしで赤ん坊を見つめながら書いた詩人を知りません。重吉は、前半では、赤ちゃんの泣き声に、つい「うるさい」と感じていらついてしまう大人のよくある心理をそのまま描写していますが、後半で、そこにとどまっていることなく発想の転換を図ります。そして赤ちゃんの泣き声を「うるさか　ないよ　よんでるんだよ」と肯定的に受けとめるのです。

子育てを経験しますと、私たちは出生後、間もなくの我が子が、言葉を覚える過程のなかで「アブアブ」といった言葉にならない声を出していることに気づくものです。また、赤ちゃんが突然、火がついたように泣き叫んで泣き止まない場面にしばしば遭遇し、どう対処したらよいやら困惑することがあります。とりわけ生まれたばかりの赤ちゃんは、しばらくは自分では何もできず全面的に親に（特に母親）に依存せざるをえません。その意味で、赤ちゃんは泣き叫ぶ以外は他に訴える手段をもたない小さな存在と言えましょう。

イエスさまは、みずから十字架の死を前にしたゲツセマネの園での祈りの中で、苦しみ悶《もだ》えつつ「アッバ、父よ」と呼びかけられました。この「アッバ」はアラム語で「お父ちゃん」の意味であり、ちょうど幼児が親しみをこめて父親を呼ぶときの「お父ちゃん」にほかなりません。そこには信頼に満ちた全面委託の心持ちが感じられます。イエスさまは、みずから父なる神さまに向かって「アッバ」と呼びかけたように、私たちに対しても、そう呼びかけられることを切にお望みなのです。

ただイエスさまを見つめることも「祈り」のひとつ

私たちは「祈る」場合、前もって一定の時間を確保し、ある程度、心の準備をしてから始めるというのが定番となっていないでしょうか。もちろん、神さまと向き合う時間をきちんと設定しておくことは必要なことだとは思いますが、私は、それ以外にも神さまとの交わりをもつ機会はいくらでもあるような気がしています。

私の例を引き合いに出して恐縮ですが、私の場合、午前中書斎に入ると、まず「始業の祈り」を唱えます。と同時に、机の上に立てかけてある、お気に入りのイエスさまとマリアさまのそれぞれの小さな額縁のご絵に向かって、ご挨拶してから仕事に着手するのです。途中、仕事がはかどらなくなれば、ちょっと一休みしてイエスさまを眺め、また、疲れればマリアさまを見つめるといった具合に、気軽に助言等を求めます。すると、イエスさま、マリアさまは、いつくしみに満ちたまなざしを私の方に向けてくださり、不思議にもふたたび仕事はスムーズに運ぶようになるのです。

マタイによる福音書18章10節に、こんな聖句があります。「言っておくが、彼らの天使たちは天でいつもわたしの天の父の御顔を仰いでいるのである。」また黙示録22章4、5節にも同様に「神の僕《しもべ》たちは神を礼拝し、御顔を仰ぎ見る」という聖句が見られます。いずれも「神の御顔」がテーマのみ言葉といってよいでしょう。これから分かることは、天のみ国に帰った人には、そのあかつきに、「神の御顔」を永遠に仰ぎ見ながら礼拝することがゆるされているのです。

主は「わたしの顔を尋ね求めよ」（詩27・8）と呼びかけられます。これは、この世にある私たちへの呼びかけにほかなりません。だとするならば、今、この世にあって、もっと「神の御顔」を仰ぎみる訓練をしておく必要があるのではないでしょうか。聖パウロも説き明かししているように「わたしたちは、今は、鏡におぼろに映ったものを見ている。だがそのときには、顔と顔とを合わせて見ることになる」（一コリ13・12）からです。

なお、この世にあって、私たちが霊的な目で神さまに出会うためには、「清い心」をもつ必要があります。イエスさまは、山上の説教で「心の清い人々は、幸いである。その人たちは神を見る」と宣言しておられるように、「清い心」が神さまを見るための前提条件だからです。

Ⅱ

涙の祈り

大いなる犠牲

わずか十二分足らずの短いドキュメンタリー映画ですが、「Most」という感動的な作品があります。なんでも一九三七年にアメリカで起きた事故をもとに製作されたそうで、二〇〇三年に封切りとなりました。このようなあらすじです。

登場する人物はシングルファーザーとその八歳の息子。父親は鉄橋（跳ね橋）の開閉をする管理人として働いているのですが、ある日、汽車を眺めるのが大好きな息子を伴って仕事場に来ていたのでした。父親は息子に「ここを離れてはだめだよ」と諭して、仕事に着き、息子は近くの湖畔で一人遊んでいたのです。このとき、鉄橋は大きな船が通れるように跳ね上がったままでした。しばらくして、息子は線路のはるかかなたから列車がやって来るのに気づき、あわててお父さんのもとに急いで知らせようとしました（その列車は一時間後に通過する予定でした）。が、その息子の声は届かず、息子は自分の判断で列車を通そうと、あわててレバーを引こうとしたのです。すると、そのはずみで過って身体がするりと歯車の中にすべり落ちてしまったのです。

それに気づいた父親は、あわててレバーのそばに近づいたのですが、そこで彼は接近する列車を前にして、二者択一の重大な選択を迫られたのでした。レバーを引くべきか、引かないままにやりすごすべきか。レバーを引くということは、歯車の間に巻き込まれたままの息子は助け出せず、鉄橋の下敷きになることを意味していました。レバーを引かなければ、息子の命は助かるかもしれませんが、その列車は鉄橋を通過できず、脱線転覆して約四百人の乗客の尊い命が犠牲になることを意味していました。

父親の苦悩は絶頂に達しました。究極の祈りというのは、こういうことを指すのでしょうか。彼はついに決断し、レバーを引いたのです。その後、列車は何事もなかったかのように、静かに鉄橋の上を通過していきます。父親はなすすべもなく通りすぎる列車を茫然と見つめながら悲哀のどん底に突き落とされ、その場に立ち尽くすだけでした。

この話は、私たちに「神は、その独り子をお与えになったほどに、世を愛された」（ヨハ3・16）という聖句を思い出させます。父なる神さまは、独り子をこの世に送って大いなる犠牲をささげ、私たちを救ってくださったからです。アーメン。

God is first の宣言

二〇〇一年九月十一日に起きたアメリカでの同時多発テロ事件は、人類にとって未曽有の大惨事でした。そんな中、奇跡的にも二十一人の方が生き残ったというのです。しかし、三千人以上もの犠牲者を出しているのですから、生還者のみに焦点を当ててこの問題を取り上げることは、安易に許されることではないでしょう。にもかかわらず、私があえてこの記事を取り上げる気になったのは、何人かのテロ事件生存者が約二十年がたった時点で、神の栄光を目の当たりにした証し体験をし始めたからです。では、早速、スタンレーさん（男性）という方の証言に耳を傾けてみましょう。

「事件の朝、いつものように私は、私と私の家族を守ってくださるようにと神さまに祈って出社しました。私のオフィスは事件のあった世界貿易センター第二ビルの八十一階で、仕事中にふと窓の外を見ると、なんと旅客機がまっすぐに自分に向かってくるのが見えました。驚いて『主よ、あなたがこの状況をご支配ください。私にはどうすることもできません』と祈りの叫びをあげました。とっさに、聖書が置いてある自分の机の下にもぐれば、守られるはずと直感したのです。ビルに激突した飛行機は、机のほんの六メートル先まで飛んできて爆発しました。机に守られて奇跡的にけがはしませんでしたが、私は肩まで飛行機の破片に埋まっていました。『主よ、ご支配ください。これはあなたしか解決できません！』と必死に祈ると、体中に強大な力がみなぎってきて、破片を振り落とすことができました。

しかし、破壊されたオフィスの出口という出口は塞がっていて外に出ることができません。跪《ひざまず》いて主に祈ると、再び体中が総毛立ち、震えるほどの力に覆われたので『お前は私と私の主を阻むことはできない』と壁に向かって宣言し、壁をたたき壊して通り抜けることができたのでした。そして、主の驚くべき力によって燃えさかる炎の中をくぐりぬけ、教会へと急ぎました。教会の門に手をかけた途端、あの高いビルは崩れ落ちたのです。」

スタンレーさんの話は淡々と語られているだけに真に迫るものがあり、脱出時、主の力強い御手が彼を支配していたことは明らかです。それまで信仰の薄かったほかの証言者も、この事件がきっかけで生き方が一変させられてしまったと言います。そんな中、彼はそれまでの"I am first"の生き方をやめて"I am second"をめざそうという思いに至ったというのです。つまり、これは言い換えれば"God is first"の宣言にほかなりません。

地下にいたのは三十三人ではなく三十四人だった

二〇一〇年八月に起きたチリでのコピアポ鉱山落盤事故のことを覚えておられる方は少なくないでしょう。三十三人の作業員が地下七百メートルの坑道内に閉じ込められ、一時は絶望視されながら約七十日後に全員が奇跡の生還を遂げたというあの事件のことです。ごくわずかな食糧しかない劣悪な状況の中で、最初の十八日間は地上との音信は一切遮断されていたといいますから、気の遠くなるような話です。しかし、グループのリーダー格であった一人の現場監督の統率によって、すべてのことが円滑に進められていきました。多数決をもった民主的な組織化づくりが、こうした不測な事態には何よりも重要でした。それればかりか、毎日、正午と午後六時には全員集まって祈りを共にし、彼は常々作業員たちに向かって「助けは必ず来る。絶対に希望を失うな」と励ましていたといいます。

何といっても私が注目したのは、彼らは全員、緑色のつなぎの上に褐色のTシャツを着用しており、その背中に詩篇95編4節の聖句「深い地の底も御手の内にあり」がプリントされていたという点なのです。その「深い地の底も御手の内にあり」とは、まさに彼らのおかれていた暗黒の地の底にほかなりません。これを単なる偶然の一致として済ませてしまうことはできないでしょう。「深い地の底」にあっても神さまの御手は差し伸べられており、「御手の内にある」というこのみ言葉は、彼らにとってどれほどの慰めになったことでしょう。だからこそ彼らは結果的に大きな救出という恵みの機会が与えられたのだと思います。ちなみに左腕のところにも「JESUS」という文字が、また胸のところには英語とスペイン語で「主よ、感謝します」という文字がそれぞれプリントされてあったといいます。

なお、救出後、作業員の一人が「地下にいたのは三十三人ではなく三十四人でした。神さまが私たちと共にいてくださったからです」と語ったと伝えられていますが、その話を聞いて私はダニエル書3章25節の聖句を想い出しました。ネブカドネツァル王の不興を買って宮廷に仕える三人の少年が燃えさかる炉に投げ込まれた話ですが、まもなくして王は「わたしには四人の者が火の中を自由に歩いているのが見える。そして何の害も受けていない。それに四人目の者は神の子のような姿をしている」と驚き怪しんだというのです。確かにコピアポ鉱山の地の底にも、共に神の子がおられたことを私たちは豪《ごう》も疑うことができません。

焼き場に立つ少年

バチカンとしては異例のことですが、二〇一七年十二月、フランシスコ教皇は、核廃絶に向けて「焼き場の少年」の写真入りカードを全世界の教会関係者に向けて配布し、大きな話題となりました。その写真は、一九四五年、原爆投下を受けた直後の長崎で、アメリカ人の手によって撮影されたものです。この写真を初めてご覧になった方は、だれもが直視できないまま、ただただ心を揺さぶられたのではないでしょうか。教皇は、このカードの裏面に「戦争がもたらすもの」というタイトルで次のような簡単な解説文を書いています。「亡くなった弟を背負い、焼き場で順番を待つ少年。この写真は、アメリカ占領軍のカメラマン、故ジョー・オダネル氏が原爆後の長崎で撮影したものです。この少年は、血がにじむほど唇を噛《か》み締めて、やり場のない悲しみをあらわしています。」

よく見ますと、確かにこの少年は、健気《けなげ》にも真一文字に唇を固く結び、前方を見据えながら直立不動の姿で立ち尽くしています。ここには悲しみをこらえつつ弟を荼毘《だび》に付そうという思いをもった少年の強い意志が感じられます。少年の背中には、いまだぐっすりと眠っているかのような小さな弟をおぶっていて、その首がのけぞっている姿がいかにも哀れを誘います。この場面を撮影したジョー・オダネル氏は、そのときの場面を、こう描写しています。

「少年は焼き場のふちに五分か十分も立っていたでしょうか。白いマスクの男たちがおもむろに近づいて赤ん坊を受け取り、ゆっくりと葬るように、焼き場の熱い灰の上に横たえました。まず幼い肉体が火に焼けるジューという音がしました。それからまばゆいほどの炎がさっと頬を赤く照らしました。その時です。炎を食い入るように見つめる少年の唇に血がにじんでいるのに気づいたのは。」

この少年の写真をインターネットで見た海外の人たちからも、多くの反響がありました。「少年の気高さと力強さに敬意を覚えた」「涙が止まらない。こんな悲しいことは二度と絶対起こしては駄目だ！」「少年の気丈な態度を見ていると、胸が張り裂けそう」等々。私は、ここでは言葉にならない「やり場のない悲しみ」と「祈り」が焼き場の煙と共に立ち上っていくのを、この目で見る思いがしました。

大切なぬいぐるみ

日毎、洪水のような情報の中で生きていると、私たちは「ああ、またか」という暗いニュースに接することが少なくありません。ときには何ともやりきれないほどに胸がギュッと締め付けられるようなニュースにも遭遇することがあります。ここで取り上げるのは、そのような心痛む出来事のひとつです（二〇一八年十月十日に起きた人身事故）。

ＪＲ御徒町《おかちまち》駅でのこと。五十代の男性が、購入したばかりのぬいぐるみを抱えてホームに立っていました。すると何かのはずみでそれを線路に落としてしまったのです。彼は、それを拾ってホームによじ登ろうとしていたところ、たまたま普通電車が入ってきたため、逃れる間もなくその方ははねられ、不幸にも亡くなられてしまったのでした。江戸川区に住むというこの方は、まもなく四歳になる孫の誕生祝いにぬいぐるみをプレゼントしようと、わざわざ上野まで買い物に訪れていたというのです。お孫さんの喜ぶ笑顔を想像しながら、ホームに立って電車を待っていた姿が彷彿《ほうふつ》としてきます。

駅員に伝えれば安全に拾ってもらえたはずなのに、どうして？　という問いかけをしたくなります。しかし、この男性は、一刻も早くぬいぐるみを拾い上げて帰宅し、孫に手渡したいという思いで頭がいっぱいになっていたためか、そのような手立てがあることに気づかなかったのかもしれません。

この事故を知って、私はもうかれこれ十年以上前に読んだ天童荒太氏の『悼む人』という小説（直木賞受賞作）を思い出しました。タイトルの「悼む人」は文字通り死者を悼む人のことです。主人公は静人といい、周囲の人間の死に直面して、みずから心を病むような人でした。彼は救いを求めて見ず知らずの人間の死を悼むために三年間にも及ぶ旅に出るのですが、静人が今もなお「悼む人」をつづけていたとするならば、おそらく「ぬいぐるみ」の男性が亡くなられた場所にも立ち寄って、熱い祈りをささげたことでしょう。

突然命を絶たれたご本人の無念さと残された家族の悲しみを考えると、私たちも、ただただ手を合わさずにはおられません。カトリック教会では「お祈りの木」の中で多様な祈りを紹介していますが、その中で不慮の事故に遭わないようにと祈ることも勧められています。もちろん不慮の事故などに遭遇して亡くなられた人たちのために祈りをささげることも、神さまのみ旨にかなった行いであることは言うまでもありません。

〝死の準備〟としての祈り

つい先日、新聞の訃報欄を見ていましたら、私がかつて勤めていた家庭裁判所で調査官として一緒に働いたことのあるKさんが、突然、脳挫傷の後遺症で亡くなられたという記事が目に飛び込んできて、茫然《ぼうぜん》としました。学究肌の彼は途中で大学に移られ、数年前までN大学学長の要職にあった方でした。私より三歳ほど年下で、これからもますます活躍が期待されていただけに、私の心は痛みました。彼の死を通して、私たちの生命はいつ何時、絶たれるか分からないものだなという思いをますます深めたことでした。

さて、死と言えば、私たちのカトリックでは、この二千年にわたって絶えず死に意識を向け、死に向かう準備を怠らないようにという教えが受け継がれてきています。とりわけ人生の最後、死に臨む際の「時」を大事にするようにと促されているのですが、そのもっとも典型的なお示しが「アヴェ・マリアの祈り」（かつては「天使祝詞」または「聖母マリアの祈り」と言われた）だといってよいでしょう。その中の後半に「神の母聖マリア、わたしたち罪びとのために、今も、死を迎える時も、お祈りください」という祈りの文言がありますが、「今」だけにとどまらず、「死」を迎えるとき（臨終のとき）のことをも常に念頭におきながら祈るようにと求められているのは、何という神のご配慮でしょうか。

ヨーロッパでは長年「メメント・モリ」（死を覚えよ）という言葉が信者の間の合言葉のように使われてきました。これは、いずれだれもが迎えることになる「死」を見つめ祈りながら生きつづけよ、という意味がこめられていることは言うまでもありません。十八世紀に活躍された聖アルフォンソ・デ・リゴリ（イタリア人）は数多くの著作の中で、『死の準備』という名著を残しました。その中で彼は「よい死を遂げるための覚悟」についてくどいほどに述べながら、そのための「よい死を願う祈り」について説いてやみませんでした。

ご存じのように、もともとカトリックは毎年十一月二日に「死者の記念日」を伝統的に大切にし、食後の度ごとに死者のことを思って祈りをささげてきました。こうして死者との交わりによって、私たちは大いなる慰めと希望を持つことができるのです。

神は私たちの〝つぶやき〟に耳を傾けてくださる

詩編に「主よ、私の言葉に耳を傾け、つぶやきを聞き分けてください」（5・2）という嘆願の祈りがあります。また新約聖書でも同様に「主の目は正しい者に注がれ、主の耳は彼らの祈りに傾けられる」（一ペト3・12）といった聖句にも出合います。しかし、主が耳を傾けてくださることを信じながらも、かたや私たちの祈りに対する速やかな応答がないと、私たちは、もしや神さまは今、耳をふさいでしまっているのではないかなどと勝手な憶測をしたり疑心暗鬼になったりして、つい祈りつづけることを断念してしまうといったようなことはないでしょうか。

私は、正直言って、これまで「主が耳を傾けてくださる」ということの意味が今ひとつ理解できませんでした。それが冒頭、紹介した詩編の聖句に出合った途端、そのなぞが少し解けたのです。その鍵は「つぶやき」という言葉にあります。ここでは、私たちの言葉がたとえ「つぶやく」ような声だとしても――それはたいてい、呻《うめ》きと悔悟の吐息を伴っているものに違いありません――それに神さまはちゃんと耳を傾けてくださるという信頼の心が根底にあることが認められます。つまり、私たちがつぶやくような自信のない小声で呼びかけても（いや、そのような呻きをもった言葉だからこそ）、神さまはすぐさま飛んできて、この私の口もとにご自身の耳をぴったりとつけて聞いてくださるという確信がここにはみられます。

神さまは、それほどに私たちのどんな祈りをもおろそかにせず、耳を傾けてくださるという寛大なお方なのでしょう。十九世紀後半に生きた聖ジェンマ・ガルガーニという女性をご存じでしょうか。彼女は特別な賜物《たまもの》を与えられた方として知られていますが、ご自分の主との親しい語らいについて聴罪司祭に打ち明けたところ、司祭から「畏れ多い神さまに、そんなになれなれしい態度をとってはいけない」と注意されたそうです。しかし、そのことを彼女は主に直接伝えたところ、即座に「私は友だちのように親しみをもって話しかけられることをこそ喜んでいる」というお答えを得て、彼女はますます聖性の道を歩んだというのです。もちろん神さまは聖なる存在ですから、畏敬の念をもって礼拝すべき対象ですが、私たちはもっと親密さをもって遠慮なく主のみ前に近づくことが許されているのではないでしょうか。主は、いつも聞く耳を用意しておられる「大きな耳」の持ち主なのですから。

神の革袋にわたしの涙を

ダビデは生涯にわたって数々の艱難辛苦《かんなんしんく》を味わっています。詩編56の9節では、敵に捕らえられた時の心情を切々とうたう中で、「あなたの革袋にわたしの涙を蓄えてください」と嘆願していますが、とりわけ「わたしの涙」という言葉が心を打ちます。「あなたの革袋」とは、もちろん「神の革袋」のこと。革袋は一頭の動物の皮を剥ぎ縫い合わせて作ったもので、その袋は水やぶどう酒を入れて運んだり、家に蓄えておくために使ったりして、当時の人たちは、だいぶ重宝したようです。

ダビデは、その卑近な革袋をひとつの比喩として用いて、自分の流す数々の涙を神の革袋に確保してほしいと神さまに切望しています。それほどに日ごと流されたダビデの涙は切れ目なく、熱いものだったのでしょう。革袋といっても、神の革袋は私たちの想像を絶するほどの膨大なもので、ダビデはおそらくそのことを熟知していたに違いありません。しかも、ダビデは、その涙の一滴一滴を、神さまがまるで高価な宝石のように大切に扱ってくださることを確信していたのでした。

ところで、余談になりますが、この涙の革袋については「涙の壺《つぼ》」との関連性が指摘されています。歴史的にみて当時のユダヤの時代（イエスの時代に入ってからも）に小さな「涙の壺」といわれる陶器が存在したことが判明していて、人々が何か悲しい出来事に遭ったときなど、泣いた涙をその壺にためておくというのが特殊な慣習となっていました。古代エジプトでも、葬儀の際、泣き悲しむ人たちの涙を布で拭いとってそれを絞り、「涙の壺」に入れて墓の中に納めたという風習があったようです。そればかりか病人や災害に遭った人たちを見舞うとき、過去に自分が流した「涙の壺」を香典代わりのようなかたちで持参して差し出し、遺族をお慰めしたそうです。なんという麗しい習慣だったことでしょう。

涙をめぐって少し考えてきましたが、私たちは「涙と共に種を蒔く人は喜びの歌と共に刈り入れる」（詩126・5）とか、「彼らの目の涙をことごとくぬぐい取ってくださる」（黙21・4）といった聖句も決して忘れてはならないでしょう。その中でも、自分の罪に直面して流す回心の涙こそ、神さまのもっとも喜ばれる美しい涙なのかもしれません。

涙の祈り

前項「神の革袋にわたしの涙を」でダビデの涙について触れましたが、ここでは別な観点から涙を伴った祈りについて考えてみたいと思います。

面白い統計があります。一般的に人々は年に何回くらい泣く経験（涙を流す）をしているのかというデータのことです。それによりますと、平均的な女性は三十～六十四回、平均的な男性では六～十七回だというのです。女性のほうが男性と比べて、やはり泣く回数が多く、その理由のほとんどが本人の問題に起因していました。

では、新約・旧約聖書にあっては、泣くとか涙するという記述はどのくらい認められるのでしょうか？　数えたことはありませんが、かなりの量にのぼります。その多くが神さまのみ前で涙を流しながら悔悛《かいしゅん》したり嘆願したりといった信者たちの祈りの姿で占められています。その涙の粒はいずれも真珠のように輝いていて、まことに美しく見えます。そこでは涙によって心が洗い清められ、魂が浄化されているからでしょう。アビラの聖テレジアは『自叙伝』の中で、神さまのみ前で流す涙は価値あるもので、〝それこそ神さまの賜物《たまもの》である〟というようなことを述べておられます。

実は、イエスさまご自身も公生活において三度も涙を流されたのです。人間の感覚からすれば、救い主イエスさまが人前で涙を流されたという出来事は容易に信じがたいことでしょうが、疑うべくもなく新約聖書にはそのように明記されているのです。その中でも、ラザロの死に共感して「イエスは涙を流された」（ヨハ11・35）という記述には、私たちは目を見張ります。ここでは、神の子イエスさまが、いかに細やかな感情の持ち主で、共感性に満ち満ちておられるかが分かります。また、この「イエスは涙を流された」というフレーズはギリシャ語でわずか三単語、英語でもJesus weptと二語で、聖書の中でも一番短い文章なのです。しかも、あえて一節にしてあることから、ルカ福音書記者は、この出来事をかなり重要視していたことが分かります。

聖パウロは当時、ローマにいる信者に対して「喜ぶ人と共に喜び、泣く人と共に泣きなさい」（ロマ12・15）という勧告を与えていますが、心から泣く人と共に泣かれたイエスさまのような態度こそ、もっとも神さまに嘉《よみ》せられるに違いありません。

Ⅲ

祈る人びと

アブラハムの神との交渉

後に「信仰の父」(ロマ4・16)と呼ばれるようになったアブラハムは、創世記22章に記述されているように、神さまからの命令で最愛の息子イサクを「焼き尽くす献《ささ》げ物」(犠《いけ》牲《にえ》)として主のみ前に献げたことで知られていますが、私たちは、同じく創世記18章に記載されている、もうひとつのアブラハムのエピソードについても覚えておかなければなりません。それは、ソドムの滅亡予告をめぐって神さまとの間で交わした「条件交渉」のことです。新共同訳では「ソドムのための執り成し」という小見出しがついていますが、執り成しこそアブラハムの祈りの姿だったといってよいでしょう(以下、要約)。

「まことにあなたは、正しい者を悪い者と一緒に滅ぼされるのですか。あの町に正しい者五十人いるとしても、それでも滅ぼし、その五十人の正しい者のために、町をお赦しにならないのですか。あなたがそんなことをなさるはずはございません。」主は言われた。「もしソドムの町に正しい者が五十人いるならば、その者たちのために、町全部を赦そう。」アブラハムはさらに食い下がり、「塵あくたにすぎないわたしですが、もし三十人しかいなくても」と少しずつ人数を減らしていき、最後に「主よ、どうかお怒りにならずに、もう一度だけ言わせてください。もしかすると、十人しかいないかもしれません」と嘆願したのでした。すると主は「その十人のために滅ぼさない」と言われて去って行かれた、というのです。

ここでは、アブラハムの粘り強い交渉の仕方がまるでバナナのたたき売りのようにユーモラスに語られていて、大胆に主と掛け合う姿が頼もしく感じられます。とはいえ、アブラハムは主のみ前にあっては「塵あくたにすぎないわたしですが」（18・27）とか「主よ、どうかお怒りにならずに」（18・30）といった節度のある前置きをして、終始、謙虚な姿勢をくずしていません。

結果的には、罪の町ソドムは、そこに十人さえ正しい人はいなかったために滅ぼされてしまったわけですが、アブラハムの甥《おい》ロト夫婦と娘二人の計四人は助け出されました。ただし、ロトの妻は、ソドムの町から命からがら逃げ出す際、主の忠告に背いて後ろを振り向いたので、「塩の柱」となってしまったのです。こうして「神はアブラハムを御心に留め、ロトを破滅のただ中から救い出された」（19・29）のでした。私たちも、このアブラハムのように、真摯な態度で祈ることが求められているのではないでしょうか。

主よ、お話しください

少年サムエルの話は、教会学校の教材などでもよく取り上げられていますから、一度は耳にされたことでしょう。祈りについてあれこれ思い巡らしているうちに、私はこの少年サムエルのエピソードを思い浮かべました。サムエルは当時、主の神殿に仕えている身で、祭司エリのもとで、いわば修行見習いをしていたのでした。

ある日、床に就いていると突然、呼ぶような声がしたので、サムエルは早速エリのもとに走って行ってたずねたのです。しかし、エリは「私は呼んでいない」という返答で、また元に戻って寝たのでした。そんなことが三回繰り返されるうちに、エリは、サムエルを呼ばれたのは主ではないかと悟り、サムエルに「今度、呼びかけがあったら、そのときは『主よ、お話しください。僕《しもべ》は聞いております』と言いなさい」という助言を与えたのです。そして四回目の呼びかけに、ついにサムエルはエリの助言どおりに応答して、素直に主のみ言葉に耳を傾けたのでした（サムエル記上3章参照）。

では、私たちはどうでしょうか。このサムエル少年のように、日頃、祈りの時間に主からの語りかけに耳を澄ませているでしょうか。もしや、私たちは真っ先に自分たちの頼みごとや願望ばかりを優先させてしまって、主からの語りかけには耳を塞いでしまってはいないでしょうか。少年サムエルが「主よ、お話しください」という言葉をもって主のみ前に出たということは、少年自身に耳を傾ける万全の心の用意が整ったことを意味します。

ローマの信徒への手紙10章17節に「実に、信仰は聞くことにより、しかも、キリストの言葉を聞くことによって始まるのです」という聖句がありますが、私たちの信仰生活は、まず「聞く」ことから始めなければなりません。ストア派の創始者であるゼノンも「神は人間に一枚の舌と二つの耳を与えた。ゆえに話すことの二倍だけ聞け」と言っています。

ところが、私には、今のこの時代は、アモス書に書かれているように「主の言葉を聞くことのできぬ飢えと渇き」（8・11）の世界的な規模の現象がはじまっているような気がしてなりません。その続きで「人々は海から海へと巡り／北から東へとよろめき歩いて／主の言葉を探し求めるが／見いだすことはできない」（8・12）とも書かれてあります。イエスは「聞く耳のある者は聞きなさい」（マコ4・9）と告げておられるのに、「主の言葉を探し求めるが見いだすことはできない」とは、なんという深刻な事態なのでしょうか。

カファルナウムの百人隊長の懇願

自分の僕《しもべ》の病気をいやしてほしいという百人隊長の懇願に対して、イエスさまは一も二もなく「わたしが行って、いやしてあげよう」と快く答えました。すると百人隊長は「主よ、わたしはあなたを自分の屋根の下にお迎えできるような者ではありません。ただ、ひと言おっしゃってください。そうすれば、わたしの僕はいやされます」（マタ8・8）と応じています。なんという謙虚な受け答えでしょうか。そのような信仰の態度にイエスさまはすっかり感心され、「イスラエルの中でさえ、わたしはこれほどの信仰を見たことがない」（8・10）と賛嘆されたのです。

この百人隊長はユダヤ社会からは疎外されていた異邦人でしたが、旧約聖書の信仰に帰依していた信心深い人だったのです。彼は、イエスさまに向かって二度も「主よ」と呼びかけています。これは「あなたこそ神です」という信仰告白にほかなりません。そして何よりも「ただ、ひと言おっしゃってください。そうすれば、わたしの僕はいやされます」

という言葉には、イエスさまに対する全幅の信頼が感じられます。み言葉みずからが権威をもって発してくださる「ひと言」が、いかに力を帯びたものかを、この百人隊長は少しも疑わず信じ切っていたのでした。

この「主よ、わたしはあなたを自分の屋根の下にお迎えできるような者ではありません。ただ、ひと言おっしゃってください。そうすれば、わたしの僕はいやされます」という言葉は、後に典礼の歴史の中で、少し改変された祈りの言葉（「わたしの僕の病」を「私の心の病」に）として、ミサの中で常時、用いられるようになりました。文語ではありますが、「主よ、われは不肖《ふしょう》にして、主をわが家に迎え入れるに堪《た》えず、ただひと言のたまわばわが心癒えん」という祈りがそれです。このお祈りは第二バチカン公会議までは、ご聖体拝領の前に公に唱えられていたそうですが、今では、ほとんど唱えられなくなってしまいました。私はこの古典的なお祈りが気に入っていて、聖体拝領で祭壇の前に進み出る際、三度我が胸をたたきながら、この祈りを心のうちで唱えています。

「主よ、わたしはあなたを自分の屋根の下にお迎えできるような者ではありません」という言葉は、新共同訳やフランシスコ会訳以外の聖書では「私には……お迎えできるだけの資格がありません」とか、「その値打ちのない人間です」などと意訳されていますが、これらの訳のほうが、むしろ謙虚な百人隊長の姿を言い表し得ているように思います。

初殉教者、聖ステファノの祈り

　使徒言行録に登場する聖ステファノは、十二人の弟子が選んだ、貧しい人に対する愛の奉仕活動のメンバー七人のうちの一人で、「信仰と聖霊」（使6・5）、「恵みと力に満ち、すばらしい不思議な業としるしを民衆の間で行っていた」（6・8）人物でした。そのため一部のユダヤ人たちの不興と妬みを買い、謀られて逮捕・連行されたうえ、偽証人によってユダヤ議会である最高法院の裁判にかけられてしまったのでした。その法廷で聖ステファノは長時間にわたって弁明の説教をしている最中、都の外に引き出されて石打ちの刑に遭い、死を覚悟する中で「主イエスよ、わたしの霊をお受けください」（7・59）という祈りと共に天に帰っていかれました。

　この「主イエスよ、わたしの霊をお受けください」という祈りは、すでにお気づきのように、イエスさまが十字架上で叫ばれた最後の言葉「父よ、わたしの霊を御手にゆだねます」（ルカ23・46）を想起させます。もちろん聖ステファノが、みずからの死を目前にして、主イエスさまのあの時の言葉を意識していなかったはずはありませんから、ほぼ同じ趣旨の祈りだったといってよいでしょう。ただ少し異なっているのは、聖ステファノの祈りは、その対象が「父なる神」ではなく「主イエス」に向けられていたという点です。

ところで、投石の過程で「人々は大声で叫びながら耳を手でふさぎ、ステファノ目がけて一斉に襲いかかり」（7・57）という記述がみられます。迫害する人々が「耳を手でふさいで」投石をしたということは尋常な言葉ではありません。私はその箇所を読むたびに、聖ステファノの大胆な言葉が、いかに真理と義に満ちていたかを確信するのです。なお、その現場に、サウロ（後のパウロ）も迫害者の一員として加わっていました。

その直後、聖ステファノは「主よ、この罪を彼らに負わせないでください」（7・60）という言葉をもって嘆願しています。それも、ひざまずき「天が開いて神の右に立っておられるイエス」（7・56）を仰ぎ見ながら、息絶え絶えに祈っているのです。なんと胸を打つ祈りでしょうか。通常、石を投げつけられれば、その人々に対してうらみを抱いて、神からの天罰を願ってしまうものですが、聖ステファノは、敵への全面的なゆるしを乞うています。だからこそ、その祈りは天にまで届き、その場にいたサウロの心を大きく揺さぶって、彼の驚くべき大回心という実りをもたらしたのでした。

小さき花の聖テレジアと死刑囚

小さき花の聖テレジア（リジューの聖テレジア）にこんなエピソードがあったことをご存じでしょうか？　十四歳のとき、たまたまテレジアは、一人の凶悪な犯罪者（二人の女性と一人の少女を殺害したという重大な罪を犯したプランジーニという名の男性）が死刑囚として獄中でつながれて死刑執行を待つばかりになっているという新聞記事を読んだのでした。だれの目にも彼が痛悔しないで死に至ることは明らかでしたが、彼女は天から光が射《さ》してきたかのように感じて、何とかこのプランジーニの霊魂を救おうと考え、必死になって祈り、償い、ミサを依頼するなど、さまざまな手を尽くしました。

彼女のそのような熱意が天に届いたのでしょうか。プランジーニの刑が執行された日の翌朝、新聞を見たテレジアは感動に心が震えたのでした。そこには、こう書かれてあったからです。「プランジーニは断頭台の露と消える直前、司祭の差し出した十字架に目を注ぎ、その尊い傷に三度まで接吻をした」[4]と。こうして命果てる最後の瞬間に痛悔の恵みを得て、救われたのです。

　このようなエピソードに接して、私はイエスと共に十字架につけられた二人の犯罪人の会話（ルカ23・39～43参照）を思い出しました。一人の犯罪人が「お前はメシアではないか。自分自身と我々を救ってみろ」とイエスをののしったのに対して、もう一人の犯罪人は「お前は神をも恐れないのか、同じ刑罰を受けているのに。（中略）この方は何も悪いことはしていない」とかばっています。後者は、まさに改悛《かいしゅん》したプランジーニの姿に重なって見えてこないでしょうか？

　最近、私は被拘禁者更生支援ネットワーク麦の会というキリスト教系の団体が刊行している『和解』という定期刊行誌が手に入ったので早速読みました。被拘禁者更生支援とは、刑務所に服役中ないし服役し終わって社会復帰している元犯罪者への支援事業のことですが、この『和解』には服役者や元服役者自身が寄稿しています。信仰の視点から書かれたその素朴な文章に私は心から感動しました。カトリック教会では、これまで被害に遭われた被害者とその家族への祈り・支援は行ってきたように思いますが、加害者への支援という支援には乏しかったのではないでしょうか。もう一人のプランジーニのためにも祈りましょう。

パブロ・グスマン神父の祈り

つい先頃、マグダレナ・E・トーレス・アルピという修道女が書いた『祈り―主との親しい交わり』[5]という著書を読んで、そこに紹介されていたパブロ・グスマン神父（一八九七年〜一九六七年、メキシコ人）の祈りの断想の数々に引きつけられ、それを機に同修道女の書いた一連のグスマン神父の解説書、『火の祈り』『心の道』『礼拝に生きる』なども立てつづけに読む機会に恵まれました。そして私は、いつの間にか、グスマン神父という人物のとりこになってしまったようです。

グスマン神父は生前、黙想ノートを書きつづっていて、私たちはシスター・アルピを通して、そこから湧きいづる祈りの泉に入っていくことができます。そもそもグスマン神父の信仰の原点は、ヨハネによる福音書4章のイエスとサマリアの女との対話に示された箇所で、それにインスピレーションを得て、彼は一九三三年十月に聖体礼拝のとき「火の祈り」という祈り文を一気に書き上げ、御父にささげたのでした。十一ページにもわたる長文の祈りをここに紹介することはできませんが、その「火の祈り」が文字通り主への愛の炎となって燃え上がり、さらに信仰の神秘、観想の世界へと導かれていくことになったのでした。

グスマン神父の信仰の特徴を示すならば、次の三点を挙げることができます。

まず第一に、彼は聖霊へのたぎるような熱い思いに占領されていたという点です。彼は常々「祈りの偉大な指導者は聖霊である」とか「祈りは聖霊の恵みである」などと述べ、「祈る人は神の秘密を発見する人たち」なので、とにかく「聖霊の光を求めて、祈りの霊魂となりなさい」と教えさとしていたのです。

第二に、まことの礼拝者になるために、イエスさまのように特に御父への礼拝を勧めました。そして「御父に対する愛で燃えていたあのイエスの姿を私たちの内に形作るために、聖霊に来ていただくように御父に願うことよりほかに、もっとすぐれたことがあるでしょうか？」と私たちに問いかけています。

第三に、聖母マリアの神秘に注目しています。グスマン神父は聖母は御父、御子、聖霊の愛に満たされておられることから、聖母の母性に対して感謝をささげることを目的として三位一体の聖体宣教女会を創立し、特に聖母マリアを通して聖霊の賜物である祈りを切に願い求めたのでした。

トゥアン枢機卿の祈り

つい最近、私は思いがけなくも『五つのパンと二ひきの魚―獄中からの祈り―[6]』というタイトルの本に出合って、目の覚める思いがしました。著者は、ベトナム人のグェン・ヴァン・トゥアン枢機卿。サブタイトルに示されているように、本書は十三年間にもわたる獄中生活の中で書きつづられた信仰の証しです。

この記録は、あのベトナム戦争がちょうど終結した一九七五年から始まっています。彼はその年、大司教になったばかりでしたが、サイゴンの陥落に伴って共産政権により騒乱幇助《ほうじょ》というかどで逮捕され、以後、拘留、軟禁、独房生活という過酷な試練が始まったのでした。その詳細については『希望の奇跡―激動のベトナムと十三年の牢獄生活トゥアン枢機卿の生涯[7]』という著書にゆずるとして、驚くべきことに彼は獄中において九年間、毎日、午後三時に（イエスさまが十字架上で息を引き取られた時刻に合わせて）ミサをささげる恵みに浴したのでした。本来ならば共産権下の獄中でそのようなことは許されないはずですが、外部面会者あてに手紙で薬酒と懐中電灯を差し入れてくれるようにと依頼したのです。すると機転を利かせた面会者は、薬用という名目でぶどう酒と懐中電灯の中にわずかなパンを隠し入れて持ってきてくれたのでした。

トゥアン枢機卿は、一九八八年に釈放されて以後、獄中での過酷きわまる体験について、けっして恨むような言葉をいっさい口にしていません。ただ著書の中で、わずかに「獄中の一日は外の自由な世界の千年にも等しい」ということわざを引用しているだけで、彼は言語に絶する日々の中で、ひたすら祈りの生活を送っていたことがうかがえます。しかし、そのような生活の中で、薄暗いランプの下、毎晩、日めくりカレンダーの裏に、外部の信徒たちを励ますような希望の言葉を書きとめていたのでした。その結晶が『希望の道』（ドン・ボスコ社）という本にまとめられています。

「主の愛のうちに完全に生き、いちばん美しい一つひとつの瞬間を結び合わせるならば、わたしの人生は、最高に美しいものとなるでしょう。」――トゥアン枢機卿の遺言ともいうべき信仰の粋がここに見られます。彼は「出所の日は聖母マリアさまの祝日になりますように」と祈っていたとおり、一九八八年十一月、聖母の奉献の記念日に、ついに解放されました。二〇〇一年一月に枢機卿に挙げられたのもつかのま、二〇〇二年に病を得て帰天、七十四歳でした。

ヴァイツゼッカー大統領の祈り

一九八五年五月八日、ドイツの終戦四十年記念日に、ドイツ連邦会議において、えんえん五十分にもわたる名演説をした人がいます。そう、それは今は亡きヴァイツゼッカー大統領です。ドイツ国民に対して歩むべき道を示した画期的な演説として知られていますが、その時の全文が我が国でも翻訳[8]され、多くの人々に読まれました。私もそのお相伴《しょうばん》にあずかり、心が打ち震えたことを覚えています。

では、その演説とはどのような内容だったのでしょうか。後から分かったのですが、ヴァイツゼッカー大統領は信仰心に篤《あつ》い母親に育てられ、大統領自身もプロテスタント信仰に基礎をおいた穏健な政治家だったのです。そのためでしょうか。演説の要所要所で旧約聖書からのみ言葉を引用をしています。ドイツが無条件降伏した日から数えて、ちょうど四十年に当たる日に思い切った演説を行ったのは、彼が終戦の日を身をもって「ナチスの暴力支配による非人間システムからの解放の日」ととらえていたからにほかなりません。

それは、ちょうどイスラエルの民がカナンの地に入るまで四十年間にわたって荒れ野を彷徨《さまよ》い続けてきた歴史的な出来事とも重なります。彼はこう述べています。

「もし我々の側が、かつて起こったことを心に刻む代わりに忘れ去ろうとするようなことがあるなら、これは単に非人道的だというにとどまりません。生き延びたユダヤ人たちの信仰を傷つけ、和解の芽を摘み取ってしまうことになるでありましょう。」

ここで、ヴァイツゼッカー大統領は〈二度と同じ過ちを犯さないために過去の歴史的事実を直視せよ〉と声高に叫んでいるのです。彼が後に「ドイツの良心」とか「時代の証言者」と言われたゆえんです。くしくも、その後、間もなくして東西ドイツは統一されましたが、そうなったのも、このときの演説が国民を鼓舞するようなかたちで、熱い息吹を吹き込んだからに違いありません。「過去に目を閉ざす者は、結局のところ現在にも盲目になります」という言葉は広く知れ渡り、今では名言となっています。

この演説の最後は若い人たちへの呼びかけで、「他の人びとに対する敵意や憎悪に駆り立てられることのないようにしていただきたい」というようないくつかの言葉で結んでいます。演説のさわりをざっと紹介してきましたが、この演説は単に人びとへの呼びかけに終わらず、ひとつの祈り、ひとつの願いとなっているといってもいいでしょう。彼がどれほどの「祈りの人」であったかは、さらに後世の人たちが判断してくれるでしょう。

パスカルの決定的回心

パスカルといえば、彼の書いた随想集『パンセ』[9]を思い浮かべる方が多いことでしょう。十七世紀の偉大なる数学者、物理学者、哲学者ですが、同時にキリスト教神学をも究めた信仰者であり人間探求者であったことは案外知られていません。

私は祈りについて考えをめぐらしているうちに、ふとこのパスカルを思い出しました。もっとも理性や知性を重んじていた科学者の彼が、なぜ非合理的な世界であるキリスト教信仰の領域にまで足を踏み入れたのかという疑問を以前から抱いていたからです。『パンセ』を読み進めていくうちに分かったことは、実は、彼は祈りの人でもあったのです。

しかし、若き時代の彼は、他の友人たちがそうであったように社交界に出入りをして、それなりに世俗的な文化を享受していたのです。しかし、三十一歳のときでした。彼はある晩、突然神さまから示現を受けて重大な決定的回心に至ったのでした。『パンセ』に、こう書かれてあります。

「夜十時半ころより零時半ころまで、

火

アブラハムの神、イサクの神、ヤコブの神。／哲学者および識者の神ならず。／確実、確実、感情、歓喜、平和。／イエス・キリストの神。／〈わが神、すなわち汝らの神〉／汝の神はわが神とならん。／神以外の、この世およびいっさいのものの忘却。／神は福音に示されたる道によりてのみ見いだささる。／人の魂の偉大さ。／正しき父よ、げに世は汝を知らず、されどわれは汝を知れり。／歓喜、歓喜、歓喜、歓喜の涙。／……」

紙幅の関係で前半部分のみを抜粋し、後半部分は省略しました。この神からのお示しが具体的にどんな内容のものであったかは不明ですが、パスカルはこれらの言葉を羊皮紙にしたため、それを「覚書き」として肌着に縫い込んで、終生身に着けていたといいます。

以後、彼の生活は一変しました。これらの言葉は覚書きであると同時に、神さまへの誓約文であり、祈りの言葉ということもできるでしょう。彼の生活はもっぱら「祈りと聖書を読むことと聖歌を聞くことが最大の楽しみ」だったと述懐しているように、まず何よりも「祈り」が彼の中心に据えられていたことが分かります。晩年（三十六歳）、病気を得て小品「病の善用を神に求める祈り」という祈り文も草していますが、パスカルの心の底から絞り出すような祈りの言葉がしみじみと伝わってきて心を打ちます。

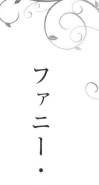

ファニー・クロスビーの祈り

讃美歌・聖歌に接する私たちにとってファニー・クロスビーの名前を忘れることはできません。クロスビーは、天に召されてから百年以上も経《た》つというのに、彼女の作った讃美歌の詩はいまだ新鮮で、相変わらず心に訴えかける力をもっています。クロスビーは一八二〇年の生まれですが、わずか六週間後に医療ミスによって失明するという悲運に見舞われた人生のスタートでした。さらに一歳のとき父親を亡くし、クロスビーは、もっぱらおばあちゃん子として育てられました。祖母は信仰深い人で、彼女はこの祖母から聖書を教えられ、自然と精神の世界のすばらしさに徐々に霊的な目が開かれていったのでした。

そして、二十四歳の頃からクロスビーは、記憶庫に蓄えていた聖書の言葉を少しずつ紡ぎ出すようにして、讃美歌の作詞活動に入っていきます。さらに三十歳のとき、生涯の分岐点ともなる回心を体験しました。彼女は「（教会で）会衆が歌うある讃美歌を聞いたとき、その歌詞が魂を刺し貫き、天の光が洪水のようにみちあふれた」というのです。それを機に、彼女はこの世から離脱し、ひたすら主イエスの道を歩み始めたのでした。

三十八歳で結婚し、待望の子どもを授かったのですが、その子はすぐに帰天。再び悲しみのどん底に突き落とされました。後に書かれた「イエスのみ腕に」という名だたる讃美歌は、我が子を亡くしたクロスビーが心の痛みを湛《たた》えつつ、天の国を慕う思いをしたためた詞だと言われています。その一番のみを紹介しておきましょう。

イエスの御腕《みうで》に　その御旨に／静かに憩う　われは安し／天《あま》つ使いの　歌の声も／心に近く　聞こゆるなり／イエスの御腕に　その御旨に／静かに憩う　われは安し

こうして、クロスビーは四十四歳の頃から本格的に賛美歌の作詞家としての大職に邁進《まいしん》していくことになりますが、一九一五年に帰天するまでの間に約六千にものぼる作詞をしたと言われています。いずれも神さまへの祈りの賛歌に満ちています。何よりも私が心を打たれたのは、彼女は作詞をする前に必ずひざまずいて祈りをささげ、心に王の導きを求めていたという点です。まさに祈りの人だったと言えましょう。

杉原千畝《ちうね》の祈り

一九四〇年七月「私を頼ってくる人々を見捨てるわけにはいかない。でなければ私は神に背く」という決意の言葉を妻に打ち明けて、杉浦千畝は早速、実行に取りかかったのでした。それも神のみ心にかなった大きな仕事に。

当時、千畝は、バルト海に面するリトアニアの首都カウナスで日本領事館領事代理（事実上は領事）を務めていました。ヨーロッパでは反ユダヤ主義によるユダヤ人への排斥運動が広がり、追い詰められたユダヤ難民は必死に行く先を求めて彷徨《ほうこう》していたのです。領事館の外が何となくざわついているので、千畝はふと仕事の手を休めて窓の外を見ると、大勢のユダヤ人たちが押しかけて来ていました。どうやらナチスの迫害から逃れてきたユダヤ人で、安全な国に逃れるただ一つの方法は、日本を経由してアメリカに渡ることであり、それを許可する証明書のビザが必要となっていたのでした。

千畝は何とかしようと悩みました。しかし、当時、日本はドイツに味方してイタリアを含める三国同盟を結ぼうとしていた矢先でしたから、勝手にビザを発行するわけにもいかず、千畝は、まず本国政府（外務省）に何度か電報で打診しました。しかし、返ってきたのは「規則に従ってビザは出さないように」という冷たい返信ばかりでした。ロシア正教徒であった千畝はおそらく必死に祈ったに違いありません（領事館勤務の前、中国のハルピン学院に留学しているときに受洗しています）。そして、ついに勇断をくだしたのでした。そのときに発したのが冒頭の言葉です。

翌日から早速、千畝は食事をする時間も惜しんでビザを書き始めました。一日にどんなに懸命に書いたとしても、せいぜい百人程度しかこなせません。夫人によれば、千畝は領事館を閉じなければならない時期が迫ってきた焦りもあって、寝る間も惜しんで書きつづけていたそうです。ドイツの大使館に移らざるを得なくなった当日、疲労困憊の千畝は執念で列車の発車間際までビザを書きつづけたのでした。

走り出《い》づる列車の窓に縋《すが》りくる
手に渡さるる命のビザは
（杉原千畝夫人、幸子さんが詠まれた歌[10]）

ニーバーの祈り

周知のとおり、カトリックでは伝統的に〝七つの聖霊の賜物〟のことを強調し、特に堅信を受ける際に、これらの賜物をいただくことができると教えています。その根拠はすでにイザヤ書に示されていたのでした。私がここで取り上げたいのは、イザヤ書11章に書かれた七つの賜物のうち最初に登場する「知恵と識別」という言葉です。アメリカの神学者ラインホールド・ニーバー（一八九二年～一九七一年）は、イザヤ書に書かれたこの言葉を意識していたかどうかは定かではありませんが、次のように祈りました。

神よ。変えることのできるものについて、それを変える勇気をわれらに与えたまえ。変えることのできないものについては、それを受け入れるだけの冷静さを与えたまえ。そして、変えることのできるものと、変えることのできないものとを、識別する知恵を与えたまえ。

実にシンプルで明快な祈りではないでしょうか。いろいろな訳がありますが、個人的にはニーバーの弟子だった大木英夫氏のこの文語調の訳が一番好きです。私たちは大きな壁にぶつかったりピンチに追い込まれたりすると、先が見通せなくなり、どう道を切り開いていったらよいか迷ってしまいます。そのようなとき、ニーバーのこの祈りには力づけられます。この祈りには三つのポイントがあります。

第一に、たとえ窮地に追い込まれているとしても、ちょっとでも「変えることのできるもの」がないだろうか、とポジティブに構え、それを神さまに変えさせていただくためにその大胆な「勇気」を求めることです。

第二に、「変えることのできないもの」を受け入れるだけの「冷静さ」を与えてくださるようにと祈ります。私たちは、大切な人との死別、恋人との離別、会社の倒産やリストラ、我が子のいじめ被害や不登校の問題、病気や精神的な障害などさまざまな事態に直面したとき、悲しみ、苦しみ、後悔といったマイナスの感情に支配されてしまって、それらをありのままに受け入れるだけの冷静さを失いがちだからです。

第三に「変えることのできるもの」と「変えることのできないもの」を識別する知恵を願うことは、それこそ未来への道を切り開く重要な鍵と言ってよいでしょう。

岩永ツルの祈り

みなさんは、一八六七年に起きた「浦上四番崩れ」のことを、どの程度ご存じでしょうか。江戸末期から明治初期にかけて起きた大規模なカトリック信徒への弾圧事件として知られていますが、流刑となった信徒の数はなんと三千三百九十四人にも上り、うち六百六十二人が命を落としたと伝えられています。その中に二十二歳のうら若き岩永ツルという女性がいたことを私たちは忘れてはなりません。ツルは萩（山口県）へと送られました。そこでは、水責め、雪責め、氷責め、飢餓拷問、箱詰め、磔《はりつけ》など過酷な仕打ちが待ちうけていました。

その中でも、もっとも苛烈を極めたのが岩永ツルへの拷問でした。彼女は腰巻一枚身に着けただけの裸にされ、食事も与えられず、冬の寒風吹く中を外庭の石の上に正座させられ棄教を迫られたのでした。その石の上に太めの茎で編んだ葦簀《よしず》が敷かれていたのですが、その葦簀の痛さは想像以上のもので、長時間座っていると足は次第に麻痺してきたといいます。

夜になると獄舎に帰され、昼にまた石の上に正座させられるという残酷な繰り返しで、一週間目には彼女の身体が埋もれるほどの大雪になりました。でも彼女は、それにめげなかったのです。残された記録には「一週間目には、目も口も開けぬほどの大雪になった。ツルもいよいよ死を覚悟した。一心にスピリツ・サント（聖霊のこと）のお助けを祈った。しかし五体がガタガタ震えて言葉にもならない」と書かれてあります。十八日目についに倒れましたが、それでも信仰を捨てなかったため、役人もとうとう根負けして、改宗を迫ることを断念したのでした。こうして彼女は生きながらえたのです。十八日間も耐えつづけた岩永ツルの信仰は、どれほど強固なものだったのでしょうか。

事態を知った欧米各国は、一斉に日本政府の対応を非難しました。それにより一八七三年、政府はついにキリスト教禁制の高札を撤去し、流刑にあった信徒全員を釈放したのでした。ツルは浦上に帰った後、一九二五年、修道会「十字架会」（現、お告げのマリア修道会）に入り、七十八歳で天に召されるまで、残りの生涯を孤児の養育や伝道にささげました。彼女が耐え忍んだ「石」は後に「拷問石」と呼ばれ、現在、浦上天主堂に大切に保管されてあります。しかし、この「拷問石」は、迫害された信徒たちの祈りがこめられた信仰の証しとしての「祈りの石」と言ってもいいのではないでしょうか。

井《い》深《ぶか》八重の祈り

井深八重という名前は、知られているようで案外、知られていないようです。一時期、NHK大河ドラマ「八重の桜」で話題となった新島八重と同じ名で、同時代に生きた同じ会津出身の人ですが、実は〝日本のマザー・テレサ〟ともいわれている人物なのです。

「一粒の麦は、地に落ちて死ななければ、一粒のままである。だが、死ねば、多くの実を結ぶ」（ヨハ12・24）は、八重が日頃好んで口ずさんでいた聖句で、彼女が揮毫《きごう》した「一粒の麦」の自筆が、その墓碑銘となりました。

八重は、ある出来事がきっかけでハンセン病患者の看護に一生をささげることになったのですが、その出来事というのは、いったいどのようなことだったのでしょうか。

八重は会津藩の家老の一族として出生。七歳のときに実母と離別し、祖母のもとに引き取られています。その後、同志社女学校英文科で八年間学び、教員の資格を得て長崎高等女学校英語教諭に赴任しました。一年後、縁談が来るようになった矢先、八重の体に奇妙な赤い斑点がポツポツと出ているのに気づいて診察を受けたところ、医師は、八重には知らせずに保護者である親戚のもとに「ハンセン病の疑い濃厚」と記載した診断書を送付したというのです。こうして八重には内緒で親族会議が開かれ、即刻、ハンセン病療養所である「神山《こうやま》復生病院」（静岡県御殿場）への入院が決まったのでした。

入院当初、八重は絶望的になり「自殺」という言葉が幾度か脳裏をよぎったといいます。しかし、そこの院長がカトリックの司祭（レゼー神父）だったことから、その影響でしだいに神の愛に目覚め、ついに洗礼の恵みにあずかったのでした。三年後、上京して改めて皮膚科名医の診察を仰いだところ、誤診であったことが判明。帰院してレゼー神父に報告したところ喜んでくれ、帰宅するか、フランスに留学するか（レゼー神父の姪の協力を得て）自由に選びなさいとの助言をうけて、八重はかえって深刻な苦悩、深い混乱に陥ってしまったのです。後に八重は、こう書いています。「あの一週間に私は一生涯に流す涙を出し尽くしてしまいました」と。

すべての涙が涸《か》れてしまうほど祈りつづけた結果、八重は、ハンセン病患者のいる病院にとどまって働こうと決意し、恩返ししていくことこそ神さまの摂理ではないかと悟るようになったのでした。看護師の資格を得て、八重は地道に働くことになりますが、徐々に彼女の功績は認められ、ナイチンゲール記章を始め数々の賞を受けました。享年九十二。

ゲレオン・ゴルドマン神父と祈り

もうかれこれ四十年ほど前、私が東久留米市（東京都）に住んでいたとき、たまたまゲレオン・ゴルドマン神父が主宰する「聖グレゴリオの家」が拙宅の近くにあって、そこで週に一回、カトリックの夜間講座が開かれていたのでした。信仰の友に誘われて足しげく通ううちにゲレオン神父の口から語られる信仰体験の一つひとつに私の心はしだいに引きつけられていきました。そうこうするうちに、ゲレオン神父は一冊の本を執筆・刊行されていることを知りました。『翼の影』（コルベ出版社刊）という著書で、来日するまでにドイツで体験された従軍生活における数奇な実話を書きつづった自叙伝です。ナチ政権下で親衛隊に所属するゲレオン青年が、数々の過酷な試練に遭遇しながらも、神さまへの祈りをもって克服していくその生き様に私の心は揺さぶられました。

ゲレオン神父は、九歳のときに母親を病気で亡くしています。当時教会でミサ答えをしていたことから香部屋係を務めていた一人のシスターに可愛がられ、そのつど霊的読書を勧められて毎回、一冊の本を手渡されていたというのです。そんなゲレオン少年は母を失ったのを機に特別に目をかけられて、シスターは「これからは私があなたのお母さん代わりになってあげましょう」と申し出てくれたのでした。そして、ゲレオン神父がこのシスターから司祭に叙階されるまでの二十年近くにわたって熱心な祈りと犠牲をささげられることになるのです。そのシスターの名前はソラナ・マイといいます。

ゲレオン青年はフランシスコ会に入会し、神学校での学びを開始するのですが、哲学課程を修了した時点で（神学課程の学びを残したまま）入隊を余儀なくされたのです。その過程で不意にシスター・ソラナ・マイと再会し、彼女の口から「ゲレオン青年が司祭に叙階されることを仲間の百八十人のシスターたちと一緒に祈り続けてきた」という話を聞かされたのでした。シスター・ソラナ・マイの信仰は確信に満ちていて「今日から私は、あなたがローマに行ってパパさまにお目にかかることができるようにお祈りを始めます」と告げられて別れるのですが、その話のとおり、不可能とも思われていた運命の扉が、ついにゲレオン神父の前に開かれて、時の教皇ピオ十二世との謁見を許され、司祭となるチャンスが訪れたのです。

ゲレオン神父は一九九四年にドイツに帰国して、二〇〇三年に八十六歳で帰天していますが、そこには終始、一人のシスターによる犠牲的な取り次ぎの祈りがあったのでした。

島秋人《あきと》の祈り

私は長年、家庭裁判所で、非行に走ってしまった大勢の少年とその家族に向き合いながら仕事をした関係で、人間の「罪」の問題について、いろいろ考えさせられてきました。そんな中、凶悪事件や殺人事件を担当したこともあります。さすが重大事件ともなれば、処遇結果によっては、少年少女たちのその後の運命が左右されてしまいますので、日々祈るような思いで仕事にたずさわっていたことを覚えています。

そのような臨床経験から、私は一つの人生哲学のようなものを学びました。それは、どんなに凶悪な事件を犯した未成年者でも、実際に会って話をしてみると、根っから極悪非道な子どもは一人もいなかったということです。さすがに面接当初は突っかかってくるなどして、箸にも棒にもかからないといった子どももいましたが、何度か会って話を聞いていくうちに不思議にも神妙になり、しだいに心を開いてくれるようになりました。彼らが誤った道を歩み始めたのも、それなりの家庭の事情や原因・理由があってのことですから、そのことに直面させ自覚させることが何よりも肝要なのでした。

前著『信仰の秘訣』でも取り上げましたが、人を殺《あや》めて死刑の宣告を受け、一九六七年に処刑された島秋人という人がおります。彼は、終戦後の食糧難の時期に、飢えを満たすために農家に押し入っていくらかの金銭を盗み、逃げようとした際、たまたま帰宅したその家の人と鉢合わせして、とっさに殺害に及んでしまったのでした。結果の重大性からみれば弁解の余地のない事案ではありますが、彼の生い立ちなどをたどっていくと、幼少の頃から種々の病気をわずらい、その後遺症から知的障害もあって勉学が著しく遅れ、周りから疎んじられていたことが分かります。その彼が、八年間の獄中生活の中で短歌を作ることに専念し、周囲が目を見張るほどの上達を遂げていったのでした。そして、キリスト教の洗礼を受ける恵みにもあずかることができました。

彼は、処刑前夜に「この澄めるこころ在るとは識《し》らず来て刑死の明日に迫る夜温《ぬく》し」という歌と同時に、次のような祈りも書き残し、従容《しょうよう》として天に帰っていったのでした。

「ねがわくは、精薄《ママ》や貧しき子らも疎まれず、幼きころよりこの人々に、正しき導きと神の恵みが与えられ、わたくし如き愚かな者の死の後は死刑が廃されても、犯罪なき世の中がうち建てられますように。私にもまして辛き立場にある人々の上にみ恵みあらんことを。主イエス・キリストのみ名により　アーメン[11]」

Ⅳ

祈りの道

ダニエル書9章の祈り

ダニエル書の中で、ダニエルはいつも祈っている人として、こう描かれています。「(ダニエルは)家に帰るといつものとおり二階の部屋に上がり、エルサレムに向かって開かれた窓際にひざまずき、日に三度の祈りと賛美を自分の神にささげた」(ダニ6・11)。当時、バビロンの宮廷で要職に就き多忙だったダニエルは、一日に三回も神さまの前で祈りと賛美をささげたというのですから、ダニエルの信仰がどれほど篤《あつ》かったかがうかがい知れます。しかも、ひざまずいて祈ったというのです。では、ダニエルは、どんな祈りをしていたのでしょうか。

9章に、そのダニエルの祈りの一端が記述されています。せいぜい三~四分程度で祈れる、とてもすばらしい祈りです。私たちがどう祈ってよいか分からなくなったときに、この箇所を開いて音読すれば、それでもう神さまへの私たちの祈りになってしまうような祈りです。その意味では今日でも立派に通用する、祈りの手本と言ってもいいでしょう。その祈りの全文をここに紹介する紙幅はありませんが、そのさわりを少し紹介しておきます。

「主よ、畏るべき偉大な神よ。……わたしたちは罪を犯し悪行を重ね、背き逆らって、あなたの戒めと裁きから離れ去りました」という罪の告白から始まって、「主よ、聞いてください。主よ、お赦しください。主よ、耳を傾けて、お計らいください。……」（9・19）で終わっています。全体を貫いているダニエルの祈りの特徴は、罪の告白と悔い改めであり、ダニエルはこの祈りの中で自虐的とも思えるほどに、「わたしたちは神に背きました」「わたしたちは御声に聞き従いませんでした」「神よ、わたしたちは罪を犯し、逆らいました」といった言葉を何度も繰り返しているのです。

そもそもダニエルの祈りは「主なる神を仰いで断食し、粗布をまとい、灰をかぶって祈りをささげ、嘆願した」（9・3）と書かれていますように、そこに祈りの出発点があり、まさに犠牲に裏付けられた祈りだったと言えましょう。犠牲というと堅苦しいことばに聞こえるかもしれませんが、要は神さまに対する〈全面的なへりくだり〉と言ってもいいでしょう。神さまの前にひざまずいて「私はあなたの子と呼ばれる資格はありません」と謙虚に頭を垂れるならば、神さまはいつか必ず恵みの雨を降らせてくださるに違いありません。その際、祈りだけではなく、あわせて感謝と賛美もささげることにいたしましょう。

大祭司としてのイエスの祈り

ヨハネによる福音書17章は、古代教会の時代から「イエスの大祭司の祈り」と呼ばれて尊ばれてきましたが、その中で特に「父よ。わたしに与えてくださった人々を、わたしのいる所に、共におらせてください。それは、天地創造の前からわたしを愛して、与えてくださったわたしの栄光を彼らに見せるためです」（24節）という箇所は、イエスさまが弟子たちと共にされた最後の晩餐における訣別説教のあとで、独りになって祈られた父なる神さまへの祈りとして知られています。一面では悲壮感の漂う長いお祈りですが、謙遜と清さに満ちており、今にも直にイエスさまのお声に接することができるような、そんな美しい響きも感じられます。

この章は「イエスは……天を仰いで言われた。『父よ、時が来ました』」という祈りで始まっていますが、まずはイエスさまが「天を仰いで」祈り始められたという点に注目する必要があります。私たちはお祈りをする際、目を閉じ手を合わせて心を神さま、イエスさまに向けるという姿勢をとることが多いのですが、イエスさまは真っ先に天におられる父なる神さまに向かって目を見開き、声を出して祈られたのでした。

「父よ」という呼びかけで始められ、かつてイエスさまが弟子たちに教えられた、あの「主の祈り」を文字通りイエスさまご自身が用いられたのです。そして「時が来ました」と宣言しました。イエスさまは、それまでは弟子たちに対して「私の時は来ていません」とか「私の時はまだ満ちていません」などと返答しておられたのですが、イエスさまは、ついにここに至って「時が来た」ことを自覚し宣言されたのでした。

もちろん、この「時」の到来は、イエスさまにとって人類救済のための贖いの道、具体的に言えば不退転の覚悟にもとづく十字架への道だったわけですが、それ以上にイエスさまは、みずからを神の栄光を現す究極の「時」として受けとめられました。

では、17章全体の特徴はどうなっているのでしょうか。おおむね三つに大別されます。導入の部分はイエスさまご自身のための祈り。次に弟子たちのための祈り、最後に信者のための祈りとなっています。イエスさまがご自分について願い求めたのは、「父よ、今、御前でわたしに栄光を与えてください」（5節）のたった一言でした。それ以外は、弟子たちをはじめ後世に及ぶ全人類のための執り成しの祈りに終始しているといってよいでしょう。その意味で、この「イエスの祈り」は、私たちにとっての希望の祈りなのです。

聖母賛歌

わたしの魂は主をあがめ、わたしの霊は救い主である神をたたえます。
身分の低い、この主のはしためにも、目を留めてくださったからです。

（ルカ1・47〜48）

これは、おとめマリアが、親戚のエリサベトを訪問した際、エリサベトからの祝福の言葉に応じた感謝の祈りであり、感謝の歌です。教会は長い間、この祈りをマニフィカト（マリア賛歌）として大切に扱い、折にふれて祈ったり歌ったりしてきました。紙面の関係で冒頭の部分のみを抜粋しましたが、この後につづく賛歌ではマリアさまのお考えや心情がよく映し出されています。

前半は、イエスさまを身ごもられたマリアさまの個人的な感謝と賛美から始まっていますが、後半では救いを待ち望むすべての人への熱い祈りの賛歌となっています。神を畏れるマリアさまのそのような姿勢はなんと謙遜で従順であることでしょう。そこには主に従う信仰者の模範が示されているだけではなく、ご自分に与えられた偉大な使命を自覚して敢然として立ち向かおうとしておられる自信に満ちたマリアさまのお姿をもかいま見ることができます。

この賛歌は旧約の「ハンナの祈り」（サム上2・1～10）を彷彿《ほうふつ》させます。とりわけマニフィカトの中の「主はその腕で力を振るい、思い上がる者を打ち散らし、権力ある者をその座から引き降ろし、身分の低い者を高く上げ、飢えた人を良い物で満たし、富める者を空腹のまま追い返されます」という箇所などは、その内容が類似しているからです。マリアさまがこの「ハンナの祈り」をご存じであったかどうかは定かではありませんが、いずれにせよ、この箇所のメッセージがこのマニフィカトにおける中心テーマになっているといってもいいでしょう。

フランシスコ教皇は、このマニフィカトは「すべての人々の上に身をかがめ、彼らをご自分と共に天国に伴われる主を称える、全人類の賛歌である」と説かれています。また教皇はマニフィカトに歌われている「弱く虐げられた人々」に、特に暴力や隷属や搾取の下に置かれた今の時代の女性や子どもたちの姿を重ねられて、その状態からの速やかな救出を願っておられるのです。

ロザリオの祈り

現在、私たちが唱えている「アヴェ・マリアの祈り」は、かつて「天使祝詞」(「めでたしの祈り」)と呼ばれていました。教皇ヨハネ二十三世は、「アヴェ・マリアの祈り」の入った「ロザリオの祈り」のことを「聖職者にとってはミサと教会の祈り(聖務日課)の次にくるもの、信者にとっては秘跡に次いで大切なもの」と述べているほどの大切な祈りのはずなのですが、残念ながら今日、その重要性がしだいに薄れてきているようです。

もうかれこれ四十年近く前のことになるでしょうか。私の母が胃がんの手術をうけて一年後に再発、余命数カ月と宣告されたとき、私たち夫婦は必死になって毎晩、母のために「ロザリオの祈り」をささげたことを思い出します。そして、いくらか命が長らえて聖木曜日に帰天し、幸いにもイエスと共に復活祭の主日に葬儀を執り行うことができたのでした。その後も引き続き私たち家族は、必ず「ロザリオの祈り」を唱えてから就寝することが日課となりました。

正直言って仕事で疲れ切って帰宅したときなど、家庭祭壇の前に座るのが億劫《おっくう》なときもあります。しかし、私の場合、風邪などで体調をくずしたときを除いて、一日も欠かさず祈りつづけてこられたのは、聖母マリアからの大きなお恵みではなかったかと今、しみじみ振り返っています。

今は亡き松永久次郎司教は、この「ロザリオの祈り」を「ロザリオは『めでたしの祈り』という便箋に、自分たちの願いを書いて『聖母マリア気付』で天の御父に送り届ける私たちのお手紙みたいなものです。気軽に出せて、しかも確実に届く大変便利なお手紙です」と書いていますが、「聖母マリア気付」ですから、必ず父なる神さまに届く手紙であることは間違いないでしょう。もちろん御父あての手紙は御子、イエス・キリストを介していますから、御子のお目にも止まらないはずはありません。

教皇ヨハネ・パウロ二世も、このロザリオが一番のお気に入りだったようで「ロザリオ！　これこそ世界を救うことのできる強力な武器です」と述べています。またロザリオの教皇と呼ばれた教皇レオ十三世は、ロザリオを毎日唱えることを推奨された教皇として著名ですし、教皇ヨハネ二十三世も毎晩三環祈っていたそうです。

ファティマの聖母の祈り

ファティマの聖母といえば、言うまでもなく一九一七年にポルトガルのファティマに出現された聖母マリアさまのことを指します。ルチア、フランシスコ、ヤシンタの三人の牧童に現れた出来事として有名ですが、とりわけフランスのルルドの聖母のご出現につづいて、このファティマの聖母のご出現もバチカンによって公に認められましたから、これは私たちカトリック信者にとって歴史に残る大いなる遺産といってよいでしょう。では、ファティマの聖母マリアさまは、私たち人類にどのようなメッセージを残されたのでしょうか。

五回にわたるご出現によって聖母マリアさまが繰り返しておっしゃられたのは、ひと言でいえばシンプルなほどの「祈りなさい」というお言葉でした。マリアさまは「お祈りしなさい。たくさんお祈りしなさい。そして罪人《つみびと》のために犠牲をささげなさい」と呼びかけられました。ご出現三回目の時には「罪人のために祈りなさい。そして『おお、イエスよ。

これはあなたの愛のため、罪人たちの回心のため、マリアさまの汚れない御心に対して犯された罪の償いのためです』と絶えず、特にあなたが何か犠牲するときに唱えなさい」とさらに具体的な指示も与えられました。

その意味ではファティマの聖母マリアさまのメッセージは、全人類に対する回心（悔い改め）と償い（犠牲）への悲痛な呼びかけなのです。それは、イエスの宣教活動において呼びかけられたみ言葉のこだまにほかなりません。私たち信者は、そのような緊急性を帯びたマリアさまの呼びかけに、祈り（特にロザリオの祈り）をもって応答していくことが望まれているのです。しかし、私たちは悔い改めの祈りについてはある程度理解しているものの、償いや犠牲については皆目分からないとして遠ざけてしまっているのが実情ではないでしょうか。その点についてイエスさまは、ルチアに対して修道会入会後、直接、私的啓示というかたちでこう教えられました。「刺で覆われているあなた方のおん母のみ心に同情しなさい。恩知らずの人々は、み心を絶えまなく貫き、刺をとり除くために、償いをする人はおりません」と。つまり聖母のみ心に突き刺さったとげを抜いて差し上げたいという意向をもった祈りをささげることこそが最たる償いだというのです。

大天使聖ミカエルに向かう祈り

「主の祈り」と「ロザリオの祈り」はどなたもよく馴染《なじ》んでいて、よく祈られる祈りだと思いますが、私はそれに付け加えて「大天使聖ミカエルに向かう祈り」を毎日、欠かさずに唱えています。なぜ今さら大天使聖ミカエルに？　と聞かれても、その理由をちゃんと説明することはできないのですが、混迷する現代にあってこの祈りを口にしていると、不思議にもさまざまな危機的な場面から守られるような気がしているからです。こんな内容です（格調の高い文語訳を紹介します）。

「大天使聖ミカエル、戦いにおいて我らを守り、悪魔の凶悪なる謀《はかりごと》に勝たしめたまえ。天主の彼に命を下したまわんことを伏して願い奉る。ああ天軍の総帥《そうすい》、霊魂をそこなわんとて、この世を徘徊《はいかい》するサタンおよびその他の悪魔を、天主の御力によって地獄に閉じ込めたまえ。アーメン。」

バチカン公会議前の教会で行われていた背面ミサの時代には、ミサの終わりに必ず会衆はこの「大天使聖ミカエルに向かう祈り」を唱えていたと言いますから、ご年配の方はご記憶にあることでしょう。そもそもこの祈りは、レオ十三世教皇が作られたもので、別名「レオ十三世教皇の祈り」とも呼ばれています。しかし、元の祈りはこの十倍くらいの長い祈りだったのです。レオ十三世教皇は一八八八年十月三日、ミサ中に突然、人事不省《じんじふせい》に陥って、幻のようなものを見、意識回復後、この祈りをミサの中に加えることを決定したと伝えられています。大天使聖ミカエルについては、聖ガブリエルや聖ラファエルと並んで聖書の中でも何度かそのお名前は登場してきますが、天において主の命を受けて、ルシファーとその軍勢の堕天使たちを天から追い落としたことで知られていますように、現在、天において天使軍団のリーダーとなっているのです。

現フランシスコ教皇も、この祈りに関心を抱いておられるようで、二〇一八年九月に、世界中のカトリック信者に対して、十月のロザリオの月には「悪魔から教会を守ってもらう」という意向で毎日ロザリオを唱え、その最後に古くからの聖母への祈り「スブ・トゥウム・プレシディウム」（終業の祈り）と「大天使聖ミカエルに向かう祈り」の二つを唱えてほしいと強く要望されました。

賛美の祈り

私たちが何気なく行っている祈りの形態には二つの種類があります。一つは神さまに向かって私（私たち）の心を打ち明け、語りかけるという祈り。もう一つは、神さまのみ心に耳を傾けて、そのご意向を聴くという祈りです。ここでは前者の神さまに語りかけるという祈りに焦点を当てますが、その場合、私たちの祈りの多くは懇願の祈りや謝罪の祈りではないかという気がしています。懇願の祈りは、これこれしかじかの私の願いを聞き届けてほしいといった雨乞い型の祈りであるのに対して、謝罪の祈りは自分の過ちや失敗などにつき、赦《ゆる》しを求めての反省型ないし悔い改め型の祈りといってよいでしょう。

しかし、私たちは、これらの祈りに留まっていてよいでしょうか。創世記から黙示録までを一望しますと、ふんだんに感謝の祈りや賛美の祈りなども登場していることに気がつきます。その点では、特に詩編は圧巻で、神さまをほめ称《たた》える「賛美の歌」で満ち満ちています。新約の時代に入ってからも、イエスさまは晩餐《ばんさん》のとき「パンを取り、賛美の祈りを唱えて、それを裂き」（マタ26・26）と記述されているように、これからゴルゴタの丘に向かおうとしている切羽詰まった状況の中で、弟子たちを前にして悠然と賛美の祈りを唱えられたのでした。これは、まことに信じがたいことです。

それから私が思い出すたびに感嘆するのは、救いの道を宣《の》べ伝えたというだけの理由で捕らわれの身となり、木の足枷《あしかせ》をはめられてしまったパウロとシラスの牢獄《ろうごく》での出来事のことです（使16・16～40参照）。彼らは真夜中になってから、大胆にも賛美の歌を歌い始めたのでした。すると突然、大地震が起こり、牢《ろう》の戸がことごとく開いて、パウロとシラスのみならず、すべての囚人たちの鎖が外れてしまったのです。こうしてパウロとシラスは奇跡的にも救い出されたのでした。

このようなエピソードを読みますと、私たちは、どんなに過酷な試練に立たされても神さまにひたすら信頼して賛美をささげるならば、その祈りは「山をも動かす」力にもなりうるのだということを実感させられます。もちろん神さまへの賛美は、おのずからそのような思いが心から湧きおこってくるものでなければならないことは言うまでもないでしょう。今後、私たちが「賛美の祈り」をも加えて神さまに近づくならば、アルスの司祭、聖ヴィアンネが言われたように「神を愛する心の中には、とこしえの春がある」という境地に、いくらかでも達することができるかもしれません。

祝福の祈り

主があなたを祝福し、あなたを守られるように。
主が御顔を向けてあなたを照らし、あなたに恵みを与えられるように。
主が御顔をあなたに向けて、
あなたに平安を賜るように。（民6・24～26）

この祈りは主がモーセを通してアロンとその弟子たちに教えたもので、一般的には「アロンの祝福（祝祷）」として知られています。ミサにおいては、閉祭の儀で必ず司祭が「全能の神、父と子と聖霊の祝福が皆さんの上にありますように」という派遣の祝福をし、会衆に向かって大きく十字を切ってミサを締めくくられますが、これもなんと感動的な場面でしょう。

では、祝福とはいったいどういうことなのでしょうか？　調べてみますと「神が自ら恵みを授けること」と「神の恵みを他者のために執り成すこと」の二つの意味があるようです。では、実際にはどのように祝福が祈られているのでしょうか。もちろん、それは司祭の職務ではありますが、それに応えるかのようにカトリック札幌教区典礼委員会は、一九八九年『祝福の祈り』という格好な手引きを刊行しました。それによりますと、想定以上に多岐にわたった祝福の対象とその方法が紹介されていることが分かります。カトリックの祝福は、人への祝福ばかりではなく、物への祝福（信心用具としての十字架や聖像、メダイなどの祝福。祝別ともいう）にも及んでいるからです。しかし、物への祝福がその結果、物それ自体に何かが宿るという意味ではないことは言うまでもないでしょう。あくまでもそれを用いる人が、その信心用具を通して祝福された生活の恵みが与えられるということなのだろうと思います。

創世記の1章28節に「産めよ、増えよ、地に満ちて地を従わせよ」という重要なみ言葉があります。これは人類に対する最初の祝福の言葉と言われています。新約時代に入りますと、イエスさまは子どもや病人らへの祝福を行い、さらには最後の晩餐で弟子たちを前にしてパンを祝福されました。聖パウロもまた「あなたがたを迫害する者のために祝福を祈りなさい。祝福を祈るのであって、呪ってはなりません」（ロマ12・14）と述べて、「呪い」との対比において「祝福」の重要性を訴えました。私たちも、イエスさまのようにすべての人のために祝福を祈りつづける人でありたいと思います。

祈りと賛美の詩編

「主は羊飼い、わたしは何も欠けることがない。／主はわたしを青草の原に休ませ、／憩いの水のほとりに伴い／魂を生き返らせてくださる。」（詩編23・1〜3）

この詩編は、詩編の中でも私のもっとも愛誦する聖句のひとつです。私たちは主日のたびごとに、ミサの中で「答唱詩編」を通して詩編にふれ、会衆と共に歌うことの喜びにあずかることができるのは何と幸いなことでしょうか。この「答唱詩編」は、何でも第二バチカン公会議が教会の伝統に従って復興したものということを聞いていますが、これは私たち信者にとって何よりもありがたい贈り物でした。

ところで、この詩編は信仰の先輩たちが何世代にもわたって営々と紡いでこられた祈りの言葉の結晶といってよいでしょう。それだけに、どこの箇所を開いても豊かな祈りの香りで満ちあふれているのです。しかも、それにとどまらず、この不条理に満ちた世界に生きる私たちに対して限りない慰めや希望を与えてくれます。

イエスさまをはじめ弟子たちも、この詩編にはかなり精通し暗唱されていたようです。最後の晩餐の後、「一同は賛美の歌をうたってから、オリーブ山へ出かけた」（マタ26・30）と書かれていますが、多くの研究者たちは、この賛美の歌というのは、おそらく詩編にある賛美の祈りだったのではないかと解説しています。また十字架上でイエスさまは、詩編22編2節の「わたしの神よ、わたしの神よ。なぜわたしをお見捨てになるのか」のみ言葉を引用されて叫ばれたのでした。

ご承知のように、詩編は百五十編から成り立っています。しかし、この百五十という数字が後にある方向で影響を与えたことを知っている人は、それほど多くはないでしょう。実は、私たちが祈っているロザリオの祈り（聖母マリアへの祈り）を、三環（喜びの神秘、苦しみの神秘、栄えの神秘）唱えますと、ちょうど百五十の珠を繰ることになるのです。このようにロザリオの祈りは、詩編としっかりと結び合わさり、その百五十という数字を引き継いだのでした。

なお、詩編はその三分の一が、神さまに向けての嘆願の祈りで占められています。もちろん、その他に賛美、感謝、信頼などの祈りも含まれていますが、いずれも神さまへの語りかけであり呼びかけであることは言うまでもありません。だからこそ私たちは、百五十の祈りの型を模範とすることによって、祈りの仕方を深く学ぶことができるのです。

赦《ゆる》しの祈り

ソン・ボンモ神父は『心の傷と癒やし』[12]という著書の中で「この世の中で最も難しいことを二つ挙げるとすれば、それは罪を犯さないことと、自分を傷つけた相手を赦すことだろう」と述べていますが、赦すことはほんとうに難しいなとつくづく思います。なぜならば自分自身の自尊心やプライドといった感情が、いつの間にかブレーキをかけて、相手を赦すという思い切った行為をとれなくしてしまうからです。

どなたも一度や二度、相手から不適切な行為を受けて、赦せないという思いを経験したことがおありでしょう。私にも、そんな経験があります。今でこそ笑って話せるのですが、もう数十年前、複数の相手から次から次へと理不尽かつ過酷な仕打ちを受けて、その痛みに耐えながら一年以上にもわたって悶々《もんもん》とした日々を送ったことを覚えています。その間、私は行き帰りの通勤電車の中で録音テープによる詩編の朗読を何度も聴いて、わずかに慰めと励ましを得ていました。そして、ついに彼らと離れる機会が訪れたとき、私は相手を赦して別れようと決意しました。すると、なんという清々《すがすが》しい気分に満たされたことでしょうか。赦して和解を求めるという行為は、こちら側がなにがしかの犠牲を引き受けなければならないということを知った瞬間でした。ある信心書に「私たちが神さまから受ける赦しは、私たちが他人を赦す程度に比例する」と書かれてあったのを思い出しますが、ほんとうにそうだと思います。

マタイによる福音書6章12節に、主イエスさまが教えてくださった「わたしたちの負い目を赦してください、わたしたちも自分に負い目のある人を赦しましたように」という祈りの一節があります。この箇所が、常日頃私たちが唱えている「主の祈り」（その口語訳は「私たちの罪をおゆるしください。私たちも人をゆるします」）となっているわけですが、赦しについて考えたとき、私は前々から、これらの日本語訳に今一つぴったりこないもどかしさを感じていました。しかし、それを解消する鍵が、前出の語られたイエスさまのみ言葉の直後（14節、15節）におかれていることに気づきました。前のみ言葉を駄目押しするかのように、イエスさまは、きっぱりとこう説明されています。「もし人の過ちを赦すなら、あなたがたの天の父もあなたがたの過ちをお赦しになる。しかし、もし人を赦さないなら、あなたがたの父もあなたがたの過ちをお赦しにならない」と。私たちが神さまからの赦しを得るには、まず人を赦すことが不可欠であり前提なのだと思います。

執り成しの祈り

「執り成し」とは、そもそもどのような意味なのでしょうか。ものの本を読むと「他者のために代わってだれかが関係回復を援助する行為」というような説明がされています。それに基づけば、私たちの場合、神と他者との間に入って、その関係性を修復する援助行為ということになろうかと思います。それも祈りという方法によって、代わって神さまとの和解を求めていく行為が「執り成しの祈り」ということになるのでしょう。

そして、その一番の「執り成し手」がイエス・キリストであることは言うまでもないでしょう。福音書をみると、イエスさまはたえず父なる神さまに向かって人類のために祈りつづけていたことが分かります。ヘブライ人への手紙7章25節にこんな言葉がみられます。「この方（イエス）は常に生きていて、人々のために執り成しておられるので、御自分を通して神に近づく人たちを、完全に救うことがおできになります。」

もちろんイエスさまばかりではありません。キリストの復活後、約束どおり聖霊が人類に与えられて、今もなお私たちのために執り成してくださっているのを知ることができます。聖パウロは「わたしたちはどう祈るべきかを知りませんが、〝霊〟自らが、言葉に表せないうめきをもって執り成してくださるからです」（ロマ8・26）と語っておりますように、私たちがどう祈っていいか分からないときに、聖霊は私たちに代わって祈っていてくださるのです。また、私たちカトリック教会は聖母マリアをいただいており、聖母による人類一人ひとりに対する執り成しの祈りも、まことに大きいと言わなければなりません。

いずれにせよ、執り成しの最たるものは、主イエスさまが十字架上で祈られた「父よ、彼らをお赦しください。自分が何をしているのか知らないのです」（ルカ23・34）というみ言葉ではないでしょうか。しかし、そこに至るまでの間、イエスさまには熾烈《しれつ》な嘆願の祈りを積み重ねてきた経緯があったことを、私たちは決して忘れてはなりません。ヘブライ人への手紙5章7節には「キリストは、肉において生きておられたとき、激しい叫び声をあげ、涙を流しながら、御自分を死から救う力のある方に、祈りと願いとをささげ、その畏れ敬う態度のゆえに聞き入れられました」と書かれてあります。「激しい叫び声をあげ、涙を流された」イエス・キリストに、私たちは何と感謝したらよいでしょうか。

「アーメン」の祈り

私たちは、お祈りをするたびごとに最後に十字を切り、必ず「アーメン」という言葉を付け加えます。それもあまり思慮せず習慣として唱えています。では、それほど馴染《なじ》んでいるこの「アーメン」という言葉は、いったいどういう意味なのでしょうか。

この言葉は、そもそもヘブライ語に由来しており、翻訳すれば「確かに」「然《しか》り」「まことに」「そのとおりです」「そうなりますように」といったふうに訳すことができます。その意味では多様性をもった言葉と言えましょう。さらに、その語源をたどっていくと、「堅く立っている」というのが本来的な意味だそうです。しかも、ただ「堅く立っている」というわけではなく、「永遠に変わることなく堅く立っている」という意味合いを含んでいる言葉だと言います。上記に列挙した訳語はすべて、この「堅く立っている」から派生した用語なのです。

旧約聖書の創世記から新約聖書のヨハネの黙示録までを俯瞰《ふかん》してみますと、この「アーメン」という言葉は遍《あまね》く用いられていることが分かります。聖書全体は、この「アーメン」で始まり「アーメン」で終わっているといってもよいかもしれません。といいますのも、創世記1章を見ますと、3節早々から「神は言われた。『光あれ。』こうして、光があった。神は光を見て、良しとされた」と書いてあります。この「良しとされた」という言葉は、まさに神の言われる「然り」であり「アーメン」にほかならないからです。

新約聖書の最後にあるヨハネの黙示録の末尾（22・20）にも、「以上すべてを証する方が、言われる。『然り、私はすぐにくる。』アーメン、主イエスよ、来てください」という記述がみられます。ここでも「アーメン」が結びとして使われているのです。また、注目すべきことに、ヨハネによる福音書にも「アーメン」の類いの言葉が多用されています。たとえば3章のイエスとニコデモとの対話の中で、イエスさまは「はっきり言っておく」という言葉を用いていますが、これを元の文に沿って忠実に訳すと「アーメン、アーメン、あなたに言う」ということになるのです。

「アーメン」は一番短い信仰宣言の祈りだとも言われます。私たちが、心を込めながら「アーメン」と応答するとき、神さまは私たちを喜んで迎え入れ、私たちの心を神さまのみ心とひとつに結びあわせてくださることでしょう。

霊的聖体拝領の祈り

私たちは、毎回の聖体拝領によって、どれほどの大きな恵みを受けているか、この地上の身では、到底計り知ることはできないでしょう。私の場合、仕事の都合で時々、主日ミサにあずかれず、ご聖体をいただけないことを無念に思っていました。でも、ある日、古い「公教会祈祷文」をパラパラとめくっていて、ハッと気づかされたのでした。「霊的聖体拝領の祈り」という祈りがあるではありませんか。ということで、私はもう三十数年来、主日の秘跡的聖体拝領のほか、毎晩、自宅で霊的聖体拝領の恵みにあずかっています。

ところで、十七世紀に島原半島に住む信者たちが、豊臣秀吉の禁教令によって迫害の憂き目に遭われたことはご存じのことでしょう。当時、各地に「ロザリオの組」とか「ミゼルコルディアの組」とか「聖体の組」などの信徒の団体があったのですが、島原半島はとりわけ「聖体の組」の働きが活発でした。迫害の中で司祭がいなくなり、ミサにあずかることもままならない状態の中で、かえって「聖体への信心」が深められていったのです。

その流れで、いわゆる島原の乱が起き、約二万人ものキリシタンが尊い命を神にささげたのでした。

一九九〇年代になってから、その島原の乱の一揆《いっき》軍が最後に立てこもったといわれる原城の発掘調査が行われました。なんとその結果、おびただしい数の人骨が出てきて、例外なく、その人骨のあごの骨のところに十字架やメダイが挟まっていたというのです。おそらく籠城する信者（うち半数は子どもや女性）は皆、聖体の代わりにそれを噛《か》みしめながら殺されていったのではないでしょうか。と言いますのも、最後の中浦ジュリアン神父が捕まったその三年前から、信者たちは、まったくミサ聖祭にあずかれなくなり、メダイを聖体に見立てて霊的聖体拝領をおこなっていたらしいことが判明したからです。

聖体信心に熱心な聖人たちも、秘跡的聖体拝領のみならず霊的聖体拝領によくあずかっていたことがうかがえます。たとえば、シエナの聖カタリーナは幻視の中でイエスご自身から霊的聖体拝領がどれほど貴重であるかを教え諭されたと語っていますし、聖ヴィアンネは「教会に行けないときには聖櫃《せいひつ》の方を向きなさい。神さまには私どもを妨げる壁はありません」と述べておられます。また聖ピオ神父も「あなたが身体をもって教会に行くことができないとき、聖櫃の前に霊的に飛翔《ひしょう》しなさい。そして、そこであなたの精神の熱心な望みを注ぎ出しなさい」とお勧めになりました。

V

祈りの心

手話と祈り

近年、全国のあちこちの教会で手話付きのミサがささげられておりますように、私どもの所属している教会でも月に一度のそうしたミサにあずかることができます。典礼の中で手話と共に祈り、賛美し、また説教に耳を傾けるということは、聴覚障害者の方々のみならず健常者である私たちにとっても心が洗われるひとときなのです。私は祭壇の前に立たれた神父さまの声を耳にしながら、いつの間にか目は手話通訳者のほうを向いていることがよくあります。そして、特に聖歌と共に祈りをささげるときの手話ははた目で見ていて、まことに美しい。手や指による身振りによって祈りの言葉が私たちの前を飛び交うとき、それはまるで視覚化された絵を見ているようで、私たちの心は少しずつ真理をかいま見させられたような高揚した気分になることも少なくありません。

ところで、我が国では、聴覚に障害をもつ方（未成年者を含めて）は約三十五万九千人弱おられるという調査結果が出ていますが、人口比からすると、およそ一千人のうち三人が聴覚障害者ということになります。うち手話通訳に頼ってコミュニケーションを取られている方は十九パーセント弱ですので、残念ながら手話はまだまだ普及しているとは言えないでしょう。歴史的にみると長年、口語法（発語、補聴器による耳の訓練、唇の読み取りとしての読話）による教育が主流だったとのことで、手話法が取り入れられるようになったのはまだ日が浅いのです。二〇〇六年に国連において障害者権利条約が採択され、初めて手話が言語として認められるようになったのです。それを受けて我が国でも二〇一三年に批准し、ようやく手話が公に日の目をみるようになったのでした。その結果、最近、手話法の再評価の機運が高まってきています。

では、手話が始められるようになったのは、いつの頃からなのでしょうか。調べてみると実は中世時代からで、修道院では、厳しい戒律の中、沈黙や静寂を守ることを旨とするため、互いに最低限の意思の伝達をとる手段として、指文字を使っていたことが判明しています。その後、スペインの修道士によってその指文字がろう教育に取り入れられ、さらに一七六〇年、フランスのド・レペ神父がそのような指文字をもって世界で最初のろうあ学校を設立したという経緯がみとめられます。手話（指文字）が修道院から始められ、修道士や神父の手によって広まっていったという歴史的経過を知って、私はなんだかうれしくなりました。手話は、まさに祈りと賛美を言い表すことのできる最適な手段なのです。

ヤベツの祈り

二〇〇〇年に刊行して、またたく間に全米ベストセラーとなり、なんと一千万部も売れた本があります。そう、ブルース・ウィルキンソン博士が書いた『ヤベツの祈り』[13]というタイトルの本です。我が国のプロテスタント界でも一時ブームとなりましたから、ご存じの方もおられるでしょう。せっかちな読者の方は、見出しに付けた書名の「ヤベツの祈り」を、うっかりして「キャベツの祈り」と勝手に読み間違えたかもしれませんが、ご安心ください。私もその一人でしたから。

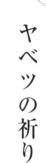

本書の一ページをめくると、冒頭から「神が必ず応えてくださる大胆な祈りをお教えします」という文章が目に飛び込んできたので、どうせはったりに相違あるまいと高をくくって読み進めていくと、それが予想外に興味をそそる内容で、「祈り」についての別な見方が与えられたように感じました。

彼は、神学生の時代、チャプレンから印象的な説教を聞いたのでした。それも旧約聖書の中でも、いかにも退屈を覚えるような「歴代誌」の箇所を。改めて人の名前が羅列されてある中に、埋もれているように置かれた冒頭の箇所「ヤベツの祈り」を読んでいるうちに、彼は促されるまま字句どおりに祈り始めたといいます。すると、そのわずかな聖句による威力は多大なもので、その結果、彼の人生は大きく変えられていったのでした。

「どうかわたしを祝福して、わたしの領土を広げ、御手《みて》がわたしと共にあって災いからわたしを守り、苦しみを遠ざけてください。」（歴代誌上４・10）

よく見ると、この短い祈りは、シンプルな四つの部分、すなわち「わたしを祝福してください」「わたしの領土を広げてください」「（神の）御手がわたしと共に」そして「災いからわたしを守り、苦しみを遠ざけてください」から成り立っていることが分かります。

私は著者の説明を読むまでは、安易に「苦しみを遠ざけてください」と祈ることは神のみ旨にかなわないのではないかと思っていたのですが、数々の過酷な試練に立たされている人たちや現にいま苦しんでいる人たちにとっては、そのような祈りも許されるのではないかと思えてきました。なぜならば、結びに「神はこの（ヤベツの）求めを聞き入れられた」とちゃんと書いてあったからです。

人生の祝福

ニューヨーク州立大学のリハビリテーションセンターの壁に、こんな詩が刻まれているそうです（後に、この詩は「人生の祝福」というタイトルがつけられました）。

大きなことを成しとげるために力を与えてほしいと、神に求めたのに、謙遜を学ぶようにと、弱さを授かった。／より偉大なことができるように健康を求めたのに、より良きことができるようにと病弱を与えられた。／幸せになろうとして富を求めたのに、賢明であるようにと貧困を授かった。／世の人々の賞賛を得ようとして成功を求めたのに、得意にならないようにと失敗を授かった。／人生を享楽しようとあらゆるものを求めたのに、あらゆることを喜べるようにと、生命を授かった。／求めたものは一つとして与えられなかったが、願いはすべて聞き届けられた。／神の意にそわぬものであるにもかかわらず、心の中の言い表わせないものは、すべて叶えられた。／私は

あらゆる人の中で、もっとも豊かに祝福されたのだ。（シスター渡辺和子訳[14]）

この詩の作者は同病院に入院していたイエズス会のJ・ロジャー・ルーシー神父が書いたとか、アメリカの南北戦争に従軍して負傷した帰還兵が病床で記したものだとか、いろいろな説がありますが、真相は定かではありません。いずれにせよ、この詩に接して心を打たれない人はいないでしょう。私は大学で初めて社会福祉を学ぶ学生に対するオリエンテーションの際、決まってこの詩を配付し、簡単な感想文を書かせることにしていました。

ここでは、祈ることと叶えられることの深い信仰が体験的に吐露されているだけに、必ずしも信者ではない人でも素直に共感できる不思議な力をもった詩だと感じています。それは読む人にとって我が身の問題として引き付けて考えさせるような人生の課題がこめられているからでしょう。だれもが感じているように、思いどおりにいかない私たちの人生。大きな試練に立たされれば、その途端、すぐに足がすくんでしまって一歩も先に進めなくなってしまう私たち。「神さま、なぜ？」といった問いが口をついて出てくるのは、ごく自然のなりゆきなのかもしれません。しかしながら、この詩は幾多の苦難をくぐりぬけてきたであろうみずからの体験に基づいて、私たちに希望のメッセージを静かに語りかけています。

聖パウロのとげ

「絶えず祈りなさい。失望しないで祈りなさい。祈りは聞かれます！」これが私たちに対する神さまの約束であり、聖書全体に一貫して流れている旋律だということができるでしょう。しかし、現実をみるとどうでしょうか。祈っても祈っても、なかなか願いが叶《かな》えられないことのほうがむしろ多いのではないでしょうか。これをもって、聖書は〝羊頭を懸《か》けて狗肉《くにく》を売る〟の類いではないかと不信がる人が出てきてもおかしくはないでしょう。

でも、早まってはなりません。ヤコブの手紙4章3節に、ちゃんとこのような言葉も書かれてあるからです。「願い求めても、与えられないのは、自分の楽しみのために使おうと、間違った動機で願い求めるからです」と。〝快楽志向を動機とする祈り〟とは、おそらく神さまに自分の要求や注文ばかりを突きつける、いわば自己中心的な身勝手な祈りだということが言えないでしょうか。神さまへの従順さを失った祈りは、神さまの御心を動かすことができないのは当然です。

では、従順な信仰をもち神さまからも愛されている熱心な信者ならば、神さまは何でも私たちの願いを聞いてくださるのでしょうか？　いや、そうとばかりは言えないでしょう。信仰に熱く燃えていた、あの聖パウロを思い出してください。何度も繰り返し嘆願しても神さまに聞き届けられなかった祈りがあったのです。聖パウロは「わたしの身に一つのとげが与えられました。それは、思い上がらないように、わたしを痛めつけるために、サタンから送られた使いです。この使いについて、離れ去らせてくださるように、わたしは三度主に願いました。すると主は、『わたしの恵みはあなたに十分である。力は弱さの中でこそ十分に発揮されるのだ』と言われました」（二コリ12・7〜9）と書いています。つまり聖パウロの願いは、やんわりと拒まれてしまったのでした。彼のとげが何であったかについては言及していませんが、おそらく相当つらい、ある種の病気か、身体的なハンディキャップではなかったかと言われています。

この聖パウロの信仰体験から分かるのは、聞き届けられない祈りには、それなりに理由と意味があるということなのです。聞き届けられないからといって、祈りを中断してはなりません。神さまの目に私たちの存在が忘れ去られてしまったわけではないからです。神さまは、常に私たちの益になることだけをお望みになられる愛に満ちたお方なのです。

悔い改めにふさわしい実

イエスさまは神のみ国についての深い真実を教えるために、しばしばたとえ話を使って語られました。いずれも生活体験に根差した、分かりやすいたとえ話でしたが、聞く耳を持たない人にとっては、おそらくチンプンカンプンで、あまり霊的な成長は望めなかったのではないでしょうか。そんな中、イエスさまは「悔い改めにふさわしい実」（マタ3・8）についても語っていますが、聖ヨハネ・クリゾストモは、さらにその秘義を探し当てるようにして、こう述べています。「木が実を結ぶためには水が必要であるように、霊魂が実を結ぶためにも、祈りによってその水を与えねばならない」と。

確かに私たちの身の回りの花々や樹木が順調に育っていくためには、なんといっても心のこもった水やりを欠かすことができないでしょう。ここで聖ヨハネ・クリゾストモは「木」になぞらえて信仰について語っていますが、ここではたぶんイエスご自身の木である「ぶどうの木」を念頭において説明されているのだと思います。彼は「ぶどうの木」が実るためには「水」が必須であるように、「霊魂」がしっかりとした実を結ぶためには「祈り」という水やりを怠ってはならないと述べています。つまり長時間「ぶどうの木」に水を与えなければ「ぶどうの実」を結ばないどころか枯れてしまうように、霊魂も「祈り」なくしては、死に絶えてしまうということを強調したかったのです。

では、実際に実を結ぶというのは、どのような状態を指すのでしょうか。イエスさまは福音書の中で何度も「すべての良い木は良い実を結ぶ」ということを約束してくださっていますが、しかし同時に「良い実を結ばない木」のあることも認めています。そのような「木」は結果的には「みな、切り倒されて火に投げ込まれる」（マタ３・10）というのですから、考えただけでも背筋がぞっとするような話です。ですからイエスさまは「悔い改めにふさわしい実を結べ」と注意を喚起したのです。

一方、詩編１編２〜３節では、こんなすばらしい「結ばれた実」の姿が描かれています。「主の教えを愛し／、その教えを昼も夜も口ずさむ人。その人は流れのほとりに植えられた木。／ときが巡り来れば実を結び、／葉もしおれることがない。／その人のすることはすべて、繁栄をもたらす。」この「流れのほとり」こそ、聖ヨハネ・クリゾストモが言ったように、潤沢な水があって、約束の豊かな実を結ばせてくださる場所なのでしょう。

穴のあいたバケツ

聖書には「思い煩い」といった聖句が何度か出てきますが、それに関連して私は高校二年生のとき、こんな経験をしました。それは国語担当のS先生が、ある日、無言のまま、「明日のことを思い煩うな。明日は明日みずからが思い煩わん。一日の苦労は一日にて足れり」という言葉をさりげなく板書したのでした。その言葉をノートに書き写しながら私の胸はじーんとなったことを覚えています。「ああそうか。これから先のことをいちいちクヨクヨして心配することはないんだ」と思った途端、急に気持ちが楽になりました。後で知ったのですが、その言葉はイエスさまが語られた「明日のことまで思い悩むな」（マタ6・34）の聖句で、私はそれを契機に信仰の道へと導かれたのでした。

これと類似した言葉をシナイの聖ニロが、こう書き残しています。「自分のうちに悩みや恨みを募らせたまま祈る人は、穴のあいたバケツに水を注ぎ入れる人に似ている」と。聖ニロは実にうまい言い方をしたもので、「悩みや恨みを募らせたまま祈る」のは、まったくもって無駄な行為にほかならないというのです。確かにそれは、はた目には懸命な行為に見えるかもしれませんが、神さまの目からすれば、おそらく「シジフォスの神話」（注）のように、所詮、水泡に帰してしまう徒労な行為に違いありません。

聖ニロの場合、心を散漫にさせ祈りの集中を妨げる要素として「悩み」と「恨み」の二点のみ取り上げていますが、ここではその他さまざまな思い煩い、心配、不安、不平不満、憎しみ、敵意などのすべての精神状態を含んでいることは言うまでもないでしょう。

些細《ささい》なことにとらわれたまま、また人に恨みや憎しみを募らせたりしたままの状態で祈っても、神さまは決してお喜びにはならないでしょう。イエスさまは別の箇所でも「あなたがたのうちだれが、思い悩んだからといって、寿命をわずかでも延ばすことができようか」（マタ6・27）と語りかけて、私たちに「思い煩い」の無意味さに気づくようにと促しておられます。そればかりか「だれかに対して何か恨みに思うことがあれば、赦《ゆる》してあげなさい」（マコ11・25）と述べ、「恨み」や「憎しみ」などの感情を極力「赦し」へ向けるようにと教え諭しているのです。

注：シジフォスは神々から巨岩を山頂に押し上げる苦行を罰として科せられるが、かつぎ上げた途端、岩はすぐに谷底に転がり落ちてしまい、そのため意味もない労働を永遠に反復させられるという話。

What Would Jesus Do?

What Would Jesus Do?　略してW.W.J.D.「イエスさまなら、どうされるだろうか？」とでも訳せるでしょうか。初めてこの言葉に接したという方のために、少し説明しておきましょう。これは一九八〇年代にアメリカのミシガン州オランダのカルバリー改革教会の青年グループによって始められた運動の一つです。以降、アメリカでは、それにまつわるグッズなど（ブレスレットをはじめとして、ストラップ、コーヒーマグ、車のバンパーなどに至るまで）に、このW.W.J.D.が印字されてキャッチ・フレーズとして用いられ、知らない人はいないほどです。今では一種のお守りのようなものになっているといっていいでしょう。

しかし、外形的なことはどうあれ、本来、このW.W.J.D.にこめられた精神は、実は「祈り」の実践的な方法ともいうべきものを有していて、私たちにも学ぶ点が多々あります。このW.W.J.D.「イエスさまなら、どうされるだろうか？」という投げかけは、もちろん自分自身への問いであることは言うまでもありません。私たちは日常生活のなかで、どれほど悩んだり、迷ったり、躊躇《ちゅうちょ》したりすることが多いことでしょう。その多くが大抵、対人関係にまつわる事柄です。実に私たちは、常にどうすればよいかの選択の岐路に立たされていて、一瞬一瞬、その決断に迫られているのです。

そのようなとき、ふと立ち止まって「イエスさまなら、どうされるだろうか？」という問いかけをしてみませんか？」と提言しているのが、このW.W.J.D.運動の趣旨なのです。たえず「イエスさまなら、どうされるだろうか？」と考えつつ歩むならば、私たちはイエスさまが指し示される安全な方向に導かれることは少しも疑問の余地がありません。そのような信仰的態度は、もはや「祈り」といってもよいのではないでしょうか。

「イエスさまなら、どうされるか？」という問いをつづけていると、それはさらに具体的な問いを呼び起こします。たとえば、イエスさまは「どのようなまなざしで人を見つめられたか」とか、「どのような態度で人に接しられたのか」とか「どのような言葉遣いをされたのか」といったことに思いをめぐらしていますと、私の魂は、二千年前にタイムスリップしていって、会堂におられるイエスさまを仰ぎ見ている自分に気づくのです。

「イエスは巻物を巻き、係の者に返して席に座られた。会堂にいるすべての人の目がイエスに注がれていた。」（ルカ４・20）

求めなさい。そうすれば与えられる

「求めなさい。……探しなさい。……門をたたきなさい。」（マタ7・7）、この箇所には山上の説教におけるイエスさまの言葉が総括的に書かれてあります。特に、ここでは祈りの本質が見事に示されているといっていいでしょう。しかし、私たちは、これらの言葉に馴染《なじ》みすぎているせいか、立ち止まって考えもせず、さらっと読み進めてしまいがちです。実は、この箇所は決してダメ押しのような単なる反復のことばではなく、神さまのもとへと上昇させていく螺旋《らせん》階段のような構造から成り立っていることが分かります。

イエスさまは、まず「求めなさい」というみ言葉をもって私たちに呼びかけられます。最初の段階では、必ずしも自発的な行いが求められていませんが、もっぱら私たちの意思や意向や動機・意図などの内面的な聖《きよ》さや純粋性が求められていると考えられます。これは、まさに「祈り」の段階といってよいでしょう。次の「探しなさい」は、祈りによって押し出され、文字通り「探す」という自発的な行動が求められた段階です。さらに次の

「門をたたきなさい」の段階では、閉じられた門の前に立ち、門をたたきながら「開けてくださるように」と嘆願し、実際に門をたたくという行動に移ることが求められています。こうして祈りの目的が達せられるのです。卑近な言葉で言い換えれば、まずは「口」を使って祈り「求め」、次に「目」と「足」を使って「探し」回り、さらに「手」を使って「門をたたく」という、執拗《しつよう》なほどの一連の動作が、神のみ心を動かし、結果的に「与えられ」「見つかり」「開かれる」という成就の道へと至らせてくださるのです。

そのため、ここでは何といっても私たちの祈りの本気度や熱心さが試されているといってよいでしょう。だからと言って、何でも貪欲にガツガツ求めなさいと言っているわけではないでしょう。なぜなら神さまは願う前から私たちの必要なものはご存じですし（マタ6・8）、また神さまは私たちに対して「良い物」を与えたいと、しきりに望んでおられるからです（ルカ11・13）。こうして、私たち信者は何でも神さまにより頼むことのできる特権を有しているのです。なんと幸いなことでしょう。

けれども、現実には、神さまに願い求めたとしても、むしろ叶《かな》えられないことのほうが多いのではないでしょうか。それは、なぜなのでしょうか？　その回答は「聖パウロのとげ」の項で、すでに述べたように、「願い求めても、与えられないのは、自分の楽しみのために使おうと、間違った動機で願い求めるからです」（ヤコブ4・3）。

謙遜な人の祈り

「謙遜な人の祈りは雲を突き抜けて行き、それが主に届くまで、彼は慰めを得ない。」これはシラ書35章21節の聖句です。つまり「謙遜な人の祈り」こそ、「雲を突き抜けて……慰めを得る」というのです。逆に言えば、謙遜でない人の祈りは、神のみもとにまで達することはないというふうにも読めます。しかし、神は、ご自分のみ旨にかなった人の祈りだけを聞き届けて、地上からのぼってくる他の人たちの祈りや叫びや嘆願の声には一切耳を傾けないということがあるでしょうか。しかり。ここで述べられているのは、神さまは祈りの中でも、とりわけ「謙遜な人」の祈りをイの一番に喜んで聞いてくださり、恵みの雨を降らしてくださる、ということなのだろうと思います。

「謙遜な人の祈りは雲を突き抜けて行く。」なんという気宇壮大さに満ちたスケールの大きいみ言葉でしょうか。祈りがあたかも香《こう》のかおりのように雲を突き抜けて天へ天へと立ちのぼっていく。そんなイメージを思い浮かべるだけでも心と魂は高揚しないわけにはいきません。香のかおりといえば、黙示録8章3節4節に「すべての聖なる者たちの祈りに添えて、玉座の前にある祭壇に献げるためである。香の煙は、天使の手から、聖なる者たちの祈りと共に神の御前へ立ち上った」とあります。注目したいのは「聖なる者たちの祈り」というみ言葉が、そこでは二度使われていますが、「聖なる者たちの祈り」こそ「謙遜な人の祈り」に他ならないのではないでしょうか。

そうであるならば、私たちは日ごと、神さまから雲を突き抜けて天の神のみもとにまで届くような熱い祈りをささげることが求められているに違いありません。そのためには、まず私たちは「聖なる者」「謙遜な人」を目指しながら信仰生活を送っていくことが肝要でしょう。そのお手本はイエス・キリストです。

イエスさまは弟子たちに向かって、みずから「わたしは柔和で謙遜な者だから……わたしに学びなさい」（マタ11・29）と言われました。また、こうも教えられました。「いちばん先になりたい者は、すべての人の後になり、すべての人に仕える者になりなさい」（マコ9・35）、「あなたがたの中で偉くなりたい者は、皆に仕える者になり、いちばん上になりたい者は、すべての人の僕《しもべ》になりなさい」（マコ10・43〜44）。こうしてイエスさまは、弟子たちに対して、へりくだることと仕えること、つまり謙遜の重要性を深く教え諭されたのでした。

祈ることを教えてください

「わたしたちはどう祈るべきかを知りませんが、〝霊〟自らが、言葉に表せないうめきをもって執り成してくださるからです。」（ロマ8・26）

私たちは、常日頃、祈りの必要性に迫られながらも、ときどきどう祈ればよいか迷って、いつの間にか祈ることから遠ざかっていたというようなことはないでしょうか。私自身、そのような迷いの状態の中で、たまたま出合ったのが冒頭の聖句でした。聖パウロご自身「私たちはどう祈るべきかを知りませんが」と前置きしながら、聖霊ご自身が私たちに代わって「うめきをもって」父なる神さまに祈ることを約束してくださっているというのです。神さまの恵みがそこまで及んでいるのかと考えたとき、私は祈りの深淵を少しかいま見たような気がしました。

イエスさまの祈りの場面が比較的多く登場するルカによる福音書は、ある意味では「祈りの福音書」とも称せられることがありますが、その11章13節に次のような言葉がみられます。

「このように、あなたがたは悪い者でありながらも、自分の子供には良い物を与えることを知っている。まして天の父は求める者に聖霊を与えてくださる。」

神さまから見たもっとも「良い物」とは、ほかでもありません、まさに「聖霊」のことでしょう。私たちは、これまで祈りのとき、何はさておき、この「良い物」を求めて祈ってきたでしょうか。我が身を振り返ってみると、残念ながら「聖霊を与えてください」と熱心に祈った経験は少なかったように思います。

聖霊をギリシャ語でパラクレートスと呼び、その意味は助け主、慰め主を指すことは知られていますが、私たちは祈るとき、そのような聖霊の働きを信じなければなりません。私たちは、祈れなくなったとき、ややもすれば自分に頼って、祈りの力を奮い立たそうとしますが、それは聖霊が私たちのすぐそばにおられて、執り成しをしてくださっていることをすっかり忘れた姿ではないでしょうか。祈りを実現してくださる主体はあくまでも聖霊です。「主の祈り」を口移しで教えてくださったイエスさまは、ありがたいことに、聖霊という神さまを私たちに遣わしてくださいました。そうです、私たちは、祈れなくなったら、聖霊の現存を信じて、ご一緒に祈っていただくことにしましょう。

聖書の引用はすべて日本聖書協会発行の『聖書　新共同訳』を使用させていただきました。

本書に引用した関連書籍について

1『ハチドリのひとしずく―いま、私にできること』辻 信一［監修］（光文社／二〇〇五年）

2『生かされて。』（ＰＨＰ研究所／二〇〇九年）、『ゆるしへの道』（女子パウロ会／二〇一三年）、『薔薇の祈り』（女子パウロ会／二〇一五年） 以上三冊はイマキュレー・イリバギザとスティーヴ・アーウィン［共著］

3『神を呼ぼう』八木重吉（新教出版社／一九七一年）

4『カルメル山の小さき花』カルメル会修道院訳（ドン・ボスコ社／一九五八年）

5『祈り―主との親しい交わり』山口女子カルメル会［訳］（ドン・ボスコ社／一九九六年）

6『5つのパンと2ひきの魚―獄中からの祈り―』（女子パウロ会／二〇〇七年）

7『希望の奇跡―激動のベトナムと十三年の牢獄生活トゥアン枢機卿の生涯』（ドン・ボスコ社／二〇〇五年）

8『新版 荒れ野の40年』（岩波ブックレット／二〇〇九年）

9『パンセ』『世界の名著24 パスカル』（中央公論社／一九六六年）

10『六千人の命のビザ（新版）』杉原幸子［著］（大正出版／一九九三年）

11『空と祈り』前坂和子編著（東京美術／一九九七年）

12『心の傷と癒やし』（サンパウロ／二〇〇六年）

13『ヤベツの祈り』（いのちのことば社／二〇〇一年）

14『愛することは許されること』渡辺和子［著］（ＰＨＰ研究所／一九九三年）

著者紹介

須永和宏（すなが かずひろ）

1944年、埼玉県行田市に生まれる。日本ルーテル神学大学神学部卒業（現、ルーテル学院大学）。慶應義塾大学大学院社会学研究科修士課程（教育学専攻）修了。家庭裁判所調査官として長年、少年非行および家庭内紛争（離婚問題など）の心理臨床・ケースワーク業務にたずさわる。東京家政学院大学・同大学院教授に転身（主に心理学、ケースワーク論、児童福祉論などを担当）。2015年に定年退任。家事調停委員なども歴任。36歳のとき、プロテスタントからカトリックに転会。

［著書］『いのちを紡ぐ 聖人たちのことば』（ドン・ボスコ社）、『信仰の秘訣—先達二〇〇人からのメッセージ』『親子の葛藤が晴れるとき～家裁調査官のケースファイルから』（以上、サンパウロ）、『ニューメディア時代の子どもと文化』（東山書房）、『不登校児が問いかけるもの』、『子どもたちのメンタリティ危機』『子どもを救う「家庭力」』編著（以上、慶應義塾大学出版会）、『生きられる孤独-評論家・芹沢俊介氏との往復書簡』（東京シューレ出版）など。

カバー表紙の写真●峰脇英樹

ブックデザイン●森 木の実

祈り その小道を歩く

著　者　須永和宏
発行所　女子パウロ会
代表者　松岡陽子
〒107-0052 東京都港区赤坂8丁目12-42
Tel.03-3479-3943 Fax.03-3479-3944
webサイト http://www.pauline.or.jp/
印刷所　株式会社工友会印刷所
初版発行　2019年10月18日

©Kazuhiro Sunaga 2019 Printed in Japan
ISBN 978-4-7896-0814-5 C0016 NDC194